www.zwillingsvater.ch

TILLMANN SCHULZE

PONYHOF
FÜR
FORTGESCHRITTENE

Mein erstes
Jahr als
Zwillingsvater

Impressum:
© Tillmann Schulze, www.zwillingsvater.ch
Alle Rechte vorbehalten. Nachdruck oder andere Verwertungen
nur mit schriftlicher Genehmigung des Autors.
Umschlagsgestaltung: Joschko Hammermann
Satz/Layout: Joschko Hammermann
www.joschkohammermann.de
Foto: Res Niemeyer (S. 180), www.resniemeyer.com

Druck: KDD Kompetenzzentrum, Digital-Druck GmbH, Nürnberg

ISBN: 978-3-906017-33-4
3. korrigierte Auflage, Oktober 2018

*Für
Carina,
Lilja,
Annika und
Janina*

INHALT

VORWORT

„I did it" – T-Shirts mit diesem Aufdruck sah man Anfang der Neunziger zum ersten Mal in der Öffentlichkeit. Damals kam Bungee Jumping auf. Wenn man diesen Sprung ins Ungewisse tatsächlich gewagt hatte, gab es danach das Shirt. Zwillinge zu bekommen war für mich auch ein heftiger Sprung ins Ungewisse. Ich hatte keine Ahnung, was da auf mich zukommt, wie sich das anfühlt. Aber ich hatte ganz schön Respekt. Und oft genug hatte ich auch Angst vor einem harten Aufschlag. Den gab es zum Glück nicht – bis heute. Aber es ging ganz schön lange, wie am Gummiseil nach dem Sprung, immer wieder ziemlich hoch und runter. Bis sich dann irgendwann alles eingependelt hatte.

Das erste Jahr ist nun geschafft. Yes, I did it! Ein T-Shirt als Tatbeweis gibt es nicht, stattdessen dieses Buch. Ein Buch, das eigentlich nicht existieren dürfte. Denn es vermittelt einen falschen Eindruck. Den, dass Zwillingsväter Zeit haben. Genug Zeit, um sich in Ruhe hinzusetzen, sich zurückzulehnen und mal so nebenbei ein Buch zu schreiben. Doch wenn es eine Weisheit nach dem ersten Jahr als Zwillingsvater gibt, dann diese: Zwillingsväter haben keine Zeit. Vor allem keine Freizeit.

Trotzdem ist dieses Buch entstanden. Wie das ging? Es war die Freude am Schreiben als Basis. Ergänzt mit einer Mischung aus dem unbedingten Willen, das Buch zu schreiben – im Wissen, vieles aus dieser unglaublichen Zeit schnell wieder zu vergessen. Und sicherlich war es auch eine Art Therapie, um das Erlebte zu verarbeiten. So entstand die Bereitschaft, kostbare Minuten zu opfern, um meine Gedanken zu Papier zu bringen.

„Ponyhof für Fortgeschrittene" ist nicht am Stück entstanden. Es ist ein Mosaik. Geschrieben habe ich in der S-Bahn auf dem Weg zur Arbeit, im Zug auf dem Weg vom Kunden nach Hause oder am Esstisch beim Bewachen des Babyphons, mit von der Fertigpizza fettigen Fingern. Vielleicht holpert es deswegen beim Lesen manchmal ein wenig, vielleicht finden sich hier und da auch ein paar Gedankensprünge.

„Ponyhof für Fortgeschrittene" ist in erster Linie meine Geschichte. Es ist der Rückblick auf das erste Jahr mit unseren Zwillingen Annika und Janina, unseren „AJs". Aus meiner Sicht erzählt, der eines Vaters. Darum geht es in diesem Buch auch um Autos, Bier und Fussball. Ich gebe auch Tipps – vor allem am Ende des Buchs. Aber einen Ratgeber habe ich nicht geschrieben.

Somit, liebe Leser, und vor allem auch liebe – werdende – Zwillingsväter, zeichne ich ein Bild, wie es mit Zwillingen sein kann. Und ich kann nur sagen: Zwillinge zu haben ist verdammt anspruchsvoll. Oft genug gibt es Situationen, in denen man nicht mehr will, in denen man einfach nur noch abhauen möchte. Aber dann, wenn die härtesten Monate hinter einem liegen, vergisst man die ganzen unangenehmen Momente – vor allem die durchwachten Nächte – unglaublich schnell und sieht einfach nur das, was man hat: eine Familie, bereichert um zwei quirlige, kleine Wesen, die inzwischen mit einem leuchtenden Strahlen im Gesicht auf zwei wackeligen Beinen durchs Leben gehen.

Aesch bei Zürich im Herbst 2014

1

BRUCHPILOT

„Das ist doch ein Witz. Zwei Babys – das geht doch gar nicht." So der Kommentar unserer Tochter Lilja, damals dreieinhalb Jahre alt, als wir ihr abends erzählen, dass sie bald nicht mehr das einzige Schulze-Kind sein würde. Für sie ist in diesem Moment nicht nachzuvollziehen, wie da in Carinas Bauch zwei Kinder gleichzeitig heranwachsen sollen.

Es ist der 20. November 2012. Am Vormittag machen wir uns bester Laune auf den Weg zum Termin bei der Frauenärztin. Wir wissen, dass wir erneut Eltern werden. Schon Anfang Oktober ist die Gewissheit da, der Ultraschall zeigt ein winziges, schlagendes Herz. Es ist damals früh in der Schwangerschaft, gerade die siebte Woche. Aber aufgrund eines bakteriellen Infekts bei Carina, der eine Behandlung mit Antibiotika erfordert, sind wir früher als normal für erste Abklärungen bei der Gynäkologin. Und damals sehen wir alle das nicht, was sich uns dann ein paar Wochen später zeigt: ZWEI winzige, kaum zu erkennende, aber munter schlagende Herzen.

Die erste Reaktion: Das kann nicht sein! Völlige Abwehrhaltung. Bei uns beiden. In Carinas Familie gibt es bislang keine Zwillinge, da muss doch ein Irrtum vorliegen. Doch die Ärztin lässt keine Zweifel: Zwei Kinder wachsen da in Carinas Bauch. Wir bekommen Zwillinge!

Für uns ist es zunächst ein Schock – und zwar ein rechter, einer der ausgewachsenen Sorte, der so richtig einfährt. Uns geht in diesem Moment viel durch den Kopf. Aber keiner dieser ersten Gedanken hat auch nur im Geringsten etwas mit Vorfreude zu tun. Da gibt es erst mal nur Fragen. Und Zweifel. Ist unser Haus gross genug? Können wir uns ein neues Auto leisten? Wie sollen wir das ohne Grosseltern vor Ort schaffen? Wird Carina jemals wieder arbeiten können? Schaffen wir das als Paar?

Ja, das Wort Familienplanung, wir haben es anders interpretiert. Schön das „klassische Familienmodell" halt: zwei Eltern, zwei Kinder, ein Kombi, ein Reihenhaus. Alles wunderbar. Und jetzt kommt plötzlich und völlig unvermittelt der Beleg dafür, dass Familienplanung eben auch bedeutet, dass man ganz, ganz viel halt überhaupt nicht planen kann.

Wir verlassen die Praxis der Gynäkologin. Zwei vom Schrecken gezeichnete Gesichter. Sowohl die Mitarbeiterinnen der Praxis wie auch eine Patientin, die in dem Moment als wir gehen die Treppe hochkommt, müssen denken, wir hätten wirklich „bad news" erhalten. Aber ganz ehrlich: Für uns sind es in diesem Moment ausschliesslich schlechte Nachrichten.

Draussen vor der Tür kommen wir uns dann aber auch gleich ein wenig undankbar vor: Im Freundes- und Bekanntenkreis haben wir einige Paare, die seit langem vergeblich versuchen eine Familie zu gründen. Die wären die glücklichsten Menschen, wenn es bei ihnen endlich klappen und sie Zwillinge bekommen würden. Bei uns klappt es mit dem Nachwuchs beide Male sehr schnell, eigentlich auf Anhieb. Jetzt sollen es sogar zwei Kinder sein. Und wir? Wir denken erst mal nur an die Schattenseiten, die Knochenarbeit, die vor uns liegt, die vielen Nächte ohne Schlaf, die finanziellen Konsequenzen, die Einschränkungen von Freizeit und Paar-Zeit. Vor allem durch die trügerische „Sicherheit" des ersten Ultraschalls ist es für uns wirklich ein Schock.

Bis zum Abend erholen wir uns vom ersten Schrecken. Diverse

Kurznachrichten per SMS und App sind zum Verarbeiten hin- und hergeschickt worden. Begreifen können wir das Ganze noch nicht, aber zumindest sehen wir uns in der Lage, Lilja von ihren beiden neuen Geschwistern zu berichten.

Für uns ist dieser Tag eine Bruchlandung. Bis zum Ultraschall sind wir noch beflügelt von dem Gedanken daran, bald die Familie zu erweitern und dann als entspannte, total durchschnittliche Vier-Kopf-Familie weiterzumachen. Jetzt also heisst es umzudenken. Eine Alternative gibt es nicht.

Die Reaktionen in unserem Umfeld sind unterschiedlich. Doch zumeist von der Art, dass wir Dinge hören, die wir nicht hören wollen. Grob gibt es zwei Kategorien: Zu der ersten gehören Personen, die selbst keine Kinder haben und daher auch überhaupt keine Erfahrung damit haben, was es bedeuten könnte, Eltern zu sein. Auf die Zwillingsnachricht reagieren sie mit grösstem Enthusiasmus und Sprüchen: „Zwillinge. Toll. Das ist bedeutet für Euch ja doppelte Freude." Vermutlich würde ich auch so reagieren, wenn ich noch nicht einmal wüsste, was es bedeutet, ein Kind zu haben. Zumindest können wir mit dieser überschwänglichen, unreflektierten Freude in den ersten Tagen nach der Zwillingsnachricht gar nichts anfangen.

Aber genauso wenig bringen uns die Reaktionen der anderen Kategorie. Zu der gehören Leute, die selbst mindestens ein oder mehrere kleine Kinder haben. Da gibt es dann so Dinge zu hören wie: „Oh Scheisse. Das wäre für mich jetzt der blanke Horror. Gut hat es mich nicht getroffen." Immerhin, diese Leute sind ganz einfach ehrlich und sprechen genau das aus, was uns zu dieser Zeit durch den Kopf geht. Aber hören wollen wir das natürlich auch nicht. Von daher ist es damals fast schon unmöglich, auf die Zwillingsnachricht auf eine Art zu reagieren, die wir hören wollen. Es ist eine Mischung aus Ungläubigkeit und irgendwie auch Selbstmitleid, die uns umgibt. Am besten treffen es da schon gute Freunde oder Familienangehörige, die uns gut kennen und wissen, dass wir schon mit Lilja in den ersten Monaten keine einfache Zeit hatten. Auch eine meiner Schwestern, die selbst Zwillinge hat, kann helfen. Allerdings nur bedingt. Denn bei ihr waren die Zwillinge Kind Nummer 5 und 6 – von daher ist sie kein Massstab, sie spielt mit ihrer Familie in einer anderen Liga. Am meisten helfen uns in dieser Zeit Telefonate mit einem ehemaligen Arbeitskollegen und guten Freund. Seine Frau und er hatten vor einigen Jahren den Wunsch Kinder zu bekommen, doch das klappte auf natürlichem Weg nicht. Mit einiger Nachhilfe wurden sie dann Eltern von zwei Jungs; zwei der schwierigen Art, die in ihren ersten Jahren die beiden Eltern viele, viele Nerven kosteten. Die Ärzte hatten seiner Frau damals gesagt, sie könne nie auf natürlichem Wege Kinder bekommen. Das sei medizinisch ausgeschlossen. Nach zwei Kindern war die Familienplanung deshalb abgeschlossen und die beiden fingen an, all ihre Kindersachen zu verschenken und wieder die Zeit miteinander als Paar zu geniessen. Bis seine Frau dann eines Tages aufgrund länger andauernder Müdigkeit und Übelkeit zum Arzt ging. Und dort erfuhr sie das Unglaubliche, das eigentlich Unmögliche: Sie war schwanger. Auf natürlichem Weg. Völlig ohne Unterstützung. Und nicht nur das, sie war schwanger mit Zwillingen! Diese Nachricht muss die beiden damals noch viel mehr geschockt haben als Carina und mich. Für sie bedeutete der unerwartete Familienzuwachs eine radikale Kursänderung im Leben. Die Wohnung war schon bald zu klein und von der Grossstadt mussten sie raus aufs Land ziehen. Für den Freund wurde der Weg zu unserer Firma zu weit und er musste kündigen. Aber, und hier ist wirklich ein „aber" angebracht: Heute sind die beiden Zwillings-Damen sechs Jahre alt, gesund und munter, zwei echt süsse Mädels. Und auch wenn vier Kinder eine echte Herausforderung sind, so meint er am Telefon, er könne und wolle sich gar nichts anderes mehr vorstellen als diese vier Kinder zu haben. Er ist aber auch ehrlich genug, um anzufügen, dass die ersten beiden Jahre für sie eine verdammt harte Schule mit Phasen eines Höllentrips gewesen seien. Aber schlussendlich haben sie auch das geschafft.

Für Carina und mich sind die Gespräche mit ihm sehr hilfreich. Endlich jemand, dessen Zwillinge auch nicht die Folge eines ausgeprägten Kinderwunsches waren und wo nicht nur die Freude überwog, einfach endlich Eltern geworden zu sein. Endlich jemand, der nicht von tausenden helfenden Händen der vor Ort wohnenden Grosseltern und Geschwister der Eltern umgeben war. Endlich jemand, der uns offen und ehrlich alle Höhen und Tiefen schildert, die so ein Leben als Zwillingseltern mit sich bringt. Diese Gespräche tun mir in dieser Phase kurz nach der Zwillingsnachricht gut, ganz einfach nur gut. Ich fühle mich nicht mehr so allein. Denn sonst gibt es in meinem Umfeld eigentlich nur Freunde, die Väter von Einlingen sind. Und deren Tipps sind nur von sehr begrenzter Hilfe, da sie ganz einfach keine Ahnung davon haben, was es bedeutet, Vater von Mehrlingen zu werden.

Die Gynäkologin überweist uns an enem 20. November 2012, dem Tag, der unser Leben verändern würde, noch zu einem Pränatal-Spezialisten. Zwillinge = Risiko, so die einfache Gleichung.

Ein paar Tage später schon hat Carina einen Termin bei einer der Pränatal-Koryphäen im Kanton Zürich. Zuerst habe ich nicht vor sie zu begleiten. Was soll denn dieser Spezialist bitteschön mehr sehen als Carinas Frauenärztin? So zumindest meine erste Überlegung. Am Ende ist es ein Bauchgefühl, das mir sagt: „Mitgehen, Tillmann!" Und so fange ich Carina zu ihrer Überraschung an der Eingangstür zur Praxis ab. Ein gute Entscheidung – wie sich später herausstellen wird.

Im Wartezimmer verbringen wir für Schweizer Verhältnisse sehr viel Zeit. Irgendwann, es ist gegen 13:00 Uhr, kommen wir endlich dran. Der Arzt wirkt müde und ausgelaugt. Keine noch so belanglose Glückwunschformel zur Schwangerschaft oder zu den Zwillingen. Es geht direkt ins Behandlungszimmer und der Ultraschall beginnt. Dann folgen lange, extrem lange, kaum enden wollende, 45 Minuten. Der Arzt ist schweigsam. Die Pausen zwischen seinen eh schon kargen Erklärungen werden immer länger. Die Stille liegt schwer und fast schon zum Greifen zwischen uns und der riesengrossen Leinwand, auf die der Ultraschall projiziert wird. Ich halte Carinas Hand, aber es fällt mir zunehmend schwer ein „Alles-easy-Gefühl" zu verbreiten. Warum sagt der Arzt verdammt noch mal nichts? Das kann doch nichts Gutes bedeuten, oder? Wir sehen trotz der 2qm-Leinwand wenig bis gar nichts. Finger, o.k., die erkennen wir gerade noch. Aber das soll eine Blase sein? Und das ein Kopf von oben? Und wie sollen wir da zwei Kinder erkennen? Das ungute Gefühl in der Magengrube wächst bei mir von Minute zu Minute. Nach einer halben Unendlichkeit darf Carina sich dann wieder anziehen und wir gehen in ein Zimmer mit Tageslicht. Dann folgt in voller Nüchternheit die Diagnose. Sie kommt ungefähr wie folgt bei uns an: „Eine Plazenta, darum eineiige Zwillinge. Zusätzliches Risiko. Gefahr von Fetofetalem Transfusionssyndrom. Kann man aber behandeln, mit Laser-Eingriff. Uni-Spital Zürich kann das, ist aber nicht ohne. Zudem: Eines der Kinder hat nur zwei Nabelschnur-Gefässe, drei wären normal. Kann, muss aber nichts bedeuten. Ab jetzt engmaschige Kontrolle der Schwangerschaft. Mindestens alle zwei Wochen ein Ultraschall, gegebenenfalls häufiger." – Baff, das sitzt. Das kommt wie eine Keule. Nach dem ersten Schlag durch die Nachricht, dass es Zwillinge werden, haben wir uns einigermassen berappelt, den Staub von den Hosen abgeklopft und versucht optimistisch zu sein. Jetzt das. Und so liegen wir wieder am Boden.

Carina und ich sind danach wie benommen. Ergänzend haut uns der Arzt noch Prozentzahlen um die Ohren. Diese schwirren schmerzend durch die Gehörgänge. Einordnen können wir sie eh nicht. Das Einzige, das ich noch irgendwie als positive Botschaft mitnehme, ist die Tatsache, dass unsere Kinder beide eine eigene Fruchtblase haben und sie dadurch weder zusammenwachsen, noch sie sich gegenseitig die Nabelschnüre um den Hals wickeln können. Aber all der Rest, den wir von diesem Praxisbesuch mitnehmen, ist das Fazit, dass wir kaum die Chance auf eine halbwegs geregelte Schwangerschaft und die Geburt von gesunden Kindern haben werden. Entsprechend wortkarg fällt dann das anschliessende Mittagessen aus. Beide sind wir beschäftigt, das Gehörte zu verarbeiten und das nicht Gehörte zu interpretieren. Schweigen dominiert. Wir wagen es kaum uns gegenseitig anzuschauen.

Am Abend, als ich mich in der Firma auf mein Fahrrad schwinge und den Heimweg antrete, da fliessen nach den ersten gefahrenen Metern nur noch die Tränen. Mir ist das jetzt alles zu viel. Ganz einfach zu viel.

Schlussendlich gibt es für uns aber nur eine Flucht nach vorn. Was soll auch die Alternative sein? Schwangerschaftsabbruch? Die Zwillinge nicht zu bekommen steht für uns nie zur Diskussion.

Die Zeit von Mitte November bis Ende Dezember 2012 gehört zu den bis dahin wohl belastendsten Monaten in der Beziehung von Carina und mir. Aber wir finden in dieser Zeit dennoch zu Optimismus und Pragmatismus zurück. Ein erster Schritt dazu ist die Entscheidung, diesen Pränatal-Diagnostiker kein zweites Mal aufzusuchen. Hier haben wir Glück, dass Carina selbst in einem Spital arbeitet und sich gut mit der Chef-Hebamme versteht. Bei einem langen Gespräch zwischen den beiden schafft es diese, uns einige Fragezeichen und auch Ängste zu nehmen. Sie hat genug Fachwissen und gleichzeitig bringt sie die erforderliche Empathie mit – eine Eigenschaft, die der Pränatal-Diagnostiker überhaupt nicht hatte, zumindest nicht an diesem Tag uns beiden gegenüber.

Ab Dezember ist Carina dann zur Kontrolle bei den Pränatal-Profis im Zürcher Universitätsspital. Sicherlich auch kein heimeliges Umfeld, sondern vielmehr ein Moloch von einem Krankenhaus mit fast schon industriellem Flair. Aber es ist eines der besten Krankenhäuser in der ganzen Schweiz, die Gynäkologie hat einen sehr guten Ruf. Das ist es, was jetzt allein zählt.

In den Weihnachtsferien begleiten Lilja und ich Carina bei einer Ultraschall-Untersuchung und am Ende haben wir alle ein gutes Gefühl. Zudem kennen einige Kollegen von Carina den nun betreuenden Facharzt. Und die Aussage „Wenn einer etwas sieht, dann er, einen Besseren könnt ihr nicht finden." beruhigt uns. Ab dann läuft bis zum Ende der Schwangerschaft eine sehr engmaschige Überwachung: Alle zehn Tage bis zwei Wochen hat Carina einen Ultraschall-Termin. Ich selbst bin nicht mehr mit dabei. Mir ist es wichtig, das Umfeld und den Arzt einmal persönlich in Augenschein nehmen zu können, aber anschliessend hat die Arbeit doch Vorrang und Carina geht allein zu den Terminen.

Die Stunden vor den Ultraschalluntersuchungen sind für mich keine einfache Zeit. Zu sehr fiebere ich mit. Es ist bis zum Schluss immer so etwas wie ein Gang aufs Schafott. Nie wissen wir, ob der Arzt dann doch etwas findet. Die meisten Termine verlaufen zwar positiv, doch es gibt auch einige Untersuchungen, wo sich Tendenzen abzeichnen, dass die Zwillinge sich nicht ganz wie gewünscht entwickeln. Das hätten dann immer auch Anzeichen für das sogenannte Fetofetale Transfusionssyndrom (FFTS) sein können. Dahinter verbirgt sich kurz gesagt das Risiko, dass der Blutaustausch zwischen den Zwillingen dauerhaft unausgewogen ist und der eine Zwilling ständig zu viel Blut verarbeiten muss, der andere zu wenig Blut für sich selbst hat. Schlussendlich haben wir Glück, FFTS geht an uns vorbei. Aber ist es für mich bei jedem Ultraschalltermin kaum möglich, mich in der Zeit davor zu konzentrieren. Das Klingeln des Handys oder das Piepen der Kurznachricht ist immer ein rechter Schlag in die Magengrube und jedes Mal geht mir dieses „Hoffentlich sind es gute Nachrichten." durch den Kopf. Wenn Carina anruft, analysiere ich ihre Stimmlage in Sekundenbruchteilen. Ein Abschätzen, ob für sie alles in Ordnung ist oder nicht.

Bis zum Schluss bleibt alles in Ordnung. Dazu trägt sicherlich auch massgeblich bei, dass wir alles tun und vor allem Carina alles tut, damit die Schwangerschaft ohne Komplikationen verläuft. Bei Lilja war vermutlich zu viel Stress durch zu viel Arbeit der Grund dafür, dass Carina mehrere Wochen im Spital liegen musste und Lilja am Ende dann doch einen Monat zu früh kam. Das wollen wir jetzt nicht. Und darum schont sich Carina wann immer möglich. Und das wiederum heisst für mich als Vater von einem Kind und künftig von drei Kindern, verstärkt anpacken zu müssen. Auch wenn ich schon vorher meinen Teil im Haushalt geleistet habe, so muss ich jetzt noch mal einen Gang hochschalten und ich bin noch mehr gefordert, um Lilja zu versorgen.

Aber auch wenn dies phasenweise anstrengend ist, so hat das Ganze auch positive Nebeneffekte. Während es vor Carinas Schwangerschaft beispielsweise immer ein rechter Kampf war, dass auch ich Lilja mal ins Bett bringe, so führt die „Notbremse" bei Carina erst aufgrund des Infekts, dann wegen der Übelkeit und schliesslich aufgrund von Müdigkeit dazu, dass Lilja gar keine andere Wahl hat, als sich von mir ins Bett bringen zu lassen. Und dadurch entwickelt sich eine richtig schöne Vater-Tochter-Beziehung, die bis heute Bestand hat und die ich so nicht mehr missen möchte. Sie selbst bezeichnet sich gern als „Papi-Titti" – solche Momente freuen mich dann immer.

Ungefähr Mitte Januar haben Carina und ich uns wirklich gefangen und damit „abgefunden", dass wir Eltern von Zwillingen werden. Wir machen aus der ganzen Sache nun ein Projekt. Eines, das es ernsthaft und richtig zu planen gilt. Dazu gehört es auch, dass Carina sich einen Haufen an Zwillingsratgebern bestellt. In den vielen Stunden, die sie auf der Couch liegt, hat sie genug Zeit, diese alle zu lesen. Ich selbst lese keine einzige Seite von allen diesen Büchern. Weniger aus Desinteresse als vielmehr aus einem Mangel an Zeit. Gern höre ich mir abends die „Management Summary" an und erfahre so alles, was Carina für wichtig hält.

Neben den Büchern ist der Besuch eines Infoabends für Mehrlingseltern eine weitere Massnahme, mit der wir uns fit machen wollen für das Abenteuer, das ab dem Frühling auf uns zukommt. Im Kanton Zürich gibt es einen Zwillingselternverein, der zweimal im Jahr bei uns in der Nähe einen Infoabend für werdende Mehrlingseltern anbietet. Das Fazit zu diesem Abend mit „Folienschlacht" per Overhead-Projektor: 1. Es trifft auch andere, wir sind nicht allein. 2. Dadurch, dass wir schon Eltern sind, haben wir einen deutlichen Wissens- und Erfahrungsvorsprung vor den „Erstis". 3. Es macht wirklich Sinn, das Ganze ernsthaft zu planen, denn Zwillinge sind anscheinend für alle Eltern eine rechte Herausforderung. Und die Zwillingsmütter, die den Abend leiten, appellieren eindringlich auch an uns Zwillingsväter, uns darauf einzustellen, „richtig anpacken" zu müssen. Denn anscheinend schaffen es nur 16 Prozent aller Zwillingsmütter bis zur Geburt ohne Phasen, in denen sie längere Zeit liegen müssen. Puh!

Dass es für mich richtig hart wird und dass ich kaum noch Zeit für mich haben werde, das lässt mich auch Carina immer wieder wissen. Nach einiger Zeit und laufenden Wiederholungen nervt mich das extrem und ich sage ihr das auch. Ja, mir ist in dieser Zeit auch schon irgendwie klar, dass ich stark eingebunden sein werde. Aber zum einen bin ich in den Monaten Februar bis April beruflich sehr stark gefordert, zum anderen sehe ich das Ganze zu diesem Zeitpunkt als sich selbst erfüllende Prophezeiung und bin der Meinung, wir sollten uns nicht zu sehr einreden, unser Leben sei dann ein völlig anderes und wir chronisch am Anschlag.

Im Februar entflammt bei Carina ganz extrem auch der Nestbautrieb. Anscheinend ist dieser hormonbedingt bei Müttern von Zwillingen eh schon stärker als bei denen von Einlingen. Aber bei uns kommt hinzu, dass Carina aufgrund von Komplikationen bei der Schwangerschaft mit Lilja von einem Tag auf den nächsten von 100 auf 0 ausgebremst wurde und strikt liegen musste. Entsprechend konnte sie damals kein Nest bauen. Und da Lilja wie gesagt ein paar Wochen zu früh kam, waren wir insgesamt noch nicht parat, als sie geboren wurde. So kamen beispielsweise unser Kinderwagen wie auch unser damals neu angeschaffter Kombi erst nach der Geburt und das Kinderzimmer richtete Liljas Patentante ein. So etwas soll jetzt nicht noch einmal passieren.

Entsprechend frühzeitig will Carina das Ganze angehen. Und das bedeutet auch für mich, abends und vor allem an den Wochenenden den Blaumann anzuziehen und den Heimwerker zu spielen. Wie vermutlich bei vielen werdenden Eltern profitiert vor allem IKEA massiv an nachwuchsbedingten räumlichen Veränderungen. Wir sind da keine Ausnahme. Wir räumen und streichen, bauen und ordnen während Wochen gefühlt ohne Unterlass. Mir ist das alles noch zu früh, aber in eigentlich allen Schwangerschaftsbüchern, ob für Einlings- oder Zwillingseltern, steht: „Liebe werdende Väter, der Nestbau gehört dazu. Diskutieren sie nicht. Halten sie die Klappe, packen sie an." Daran halte ich mich. Fertig, aus. Und es macht durchaus Sinn. Denn Carina ist mit jeder gemalten Wand, mit jedem sortierten Strampler und vor allem dann mit dem neuen Kinderwagen wie auch dem neuen Auto ein Stück entspannter. Das ist gut für die Zwillinge – und nicht zuletzt auch für den Familienfrieden. Also bin ich gern, sogar sehr gern, ein engagierter Nestbauer. Wenn auch oftmals einer mit zwei linken Händen. Denn ich muss zugeben: Maus und Computertastatur sind mir deutlich näher als Bohrmaschine und Pinsel. Vor allem wenn Wasserwaage und Augenmass ins Spiel kommen, bin ich schnell an meiner Grenze. Gut, dass meine Schwiegereltern dieses Defizit locker ausgleichen und wir einige patente Heimwerker im Freundeskreis haben. Von daher heisst es dann Anfang April: Liebe Zwillinge, euer Nest ist gebaut – aber bleibt bitte noch weiterhin in Mamis Bauch!

TUPAC

Es ist der 30. April. Wir sind soweit. Zumindest was die Namenswahl betrifft. Nach langem Hin und Her haben wir uns für zwei Namen entschieden. Nachdem nun das Kinderzimmer gestrichen, das Auto gekauft und die Wickelkommode gebaut ist, freuen wir uns auf zwei ruhige Wochen. Da das Unispital den Termin für den Kaiserschnitt auch noch einen Tag nach hinten vom 13. auf den 14. Mai geschoben hat, hoffen wir, dass es auch wirklich dieses Datum wird.

Und so freue ich mich, endlich ein Geburtstagsgeschenk für unsere Grosse einzulösen: im Garten zu zelten. Nicht nur für sie etwas Besonderes, sondern auch für mich als Vater. Denn bis zu meinem 25. Lebensjahr habe ich zusammengezählt fast drei Jahre in einem Zelt übernachtet. Durch Job und Nachwuchs ist das Verhältnis von Zeltnächten zu Lebensalter in den letzten Jahren massiv schlechter geworden und es war für mich immer eine tolle Vorstellung, meine Leidenschaft eines Tages an meine Kids weitergeben zu können. Zudem habe ich vor zwei Jahren eine „familien-kompatible Outdoor-Investition" getätigt und ein 3-Personenzelt des schwedischen Zelt-Gurus Bo Hilleberg gekauft. Mit dieser „Festung" hätten wir im Winter auf Grönland oder in Patagonien zelten können, jetzt aber steht es am späten Nachmittag in leuchtendem Rot bei uns im

Garten und die Nachbarn sind einigermassen belustigt, als sie von unseren Plänen erfahren.

Zelten mit einer gerade Vierjährigen bedeutet, sich darauf einstellen zu müssen, viele Dinge ins Zelt zu packen, die man als echter Outdoorer als Ballast und damit als vollkommen überflüssig betrachten würde: mehrere Kissen und Kuscheltiere, Nuschis (Kuscheltücher), Pixi-Bücher zum Vorlesen, gleich mehrere Taschenlampen und reichlich Wolldecken – Letztere aber vor allem zur Beruhigung der besorgten Mutter, die unerwartete massive Kälteeinbrüche in der Nacht nicht ausschliessen will ...

Wie wichtig mir diese Zeltnacht ist, zeigt sich auch darin, dass ich an diesem denkwürdigen 30. April bereit bin, mir das entscheidende Champions League-Halbfinale zwischen Borussia Dortmund und Real Madrid vor dem Fernseher entgehen zu lassen. Allerdings gibt es ja da noch diese nette Hintertür namens Smartphone, mit der ich plane, später im Zelt so praktische Dinge wie den Liveticker zu nutzen.

Dann ist es soweit: grosse Umarmungen, Abschiedsküsse, besorgte Fragen, ob wir auch wirklich warm genug eingepackt seien. Ja, sind wir. Ich flüstere Carina noch ins Ohr, dass wir jetzt tatsächlich einen entscheidenden Meilenstein mit unseren Zwillingen erreichen: Wir bekommen Mai-Kinder. Das hätten wir im November kaum für möglich gehalten. Ja, ich sollte Recht behalten. Allerdings ahne ich in diesem Moment noch nicht, wie knapp wir das Ziel erreichen werden.

Bei Lilja und mir im Zelt ist es so richtig gemütlich. Im Gegensatz zu mir nervt es sie gar nicht, dass die Hauptstrasse unseres Dorfes nur wenige Meter Luftlinie von uns entfernt liegt und an diesem Abend anscheinend sämtliche Helikopter und Flugzeuge der Region meinen, über uns hinwegfliegen zu müssen. Es ist schon nach 21 Uhr, als ich Lilja das erste Pixi-Buch vorlese – im Hinterkopf war im Bernabéu längst Anpfiff. Aber, hey, ich zelte zum ersten Mal in meinem Leben mit einem meiner Kinder! Dieses Gefühl geniesse ich in vollen Zügen. Dann ist das Buch zu Ende, wir stellen fest, dass zu viel mütterliche Fürsorge zu Hitzestau führt und ich befreie Lilja nach und nach von diversen Decken und Jacken.

Schliesslich schlummert die Süsse ganz einfach weg. Mein Puls wiederum geht in den spannenden Schlussminuten in Madrid noch mal massiv hoch und ich bekomme diverse Nachrichten von freudentaumelnden BVB-Fans aus meinem Freundes- und Bekanntenkreis. Ein gelungener Abend. So drehe ich mich zur Seite, denke an die Südanflüge auf den Flughafen Zürich, die mich mit Sicherheit am nächsten Morgen um Punkt 6:00 Uhr wecken werden und schaue noch mal kurz zu Lilja, die ruhig und gleichmässig ihre erste Zeltnacht geniesst. Ja, eine perfekte Zeltnacht. Zumindest hätte es eine perfekte Nacht werden können. Ja, hätte können ...

Ich fahre auf, reisse mir die Ohrstöpsel raus. Ruft da nicht jemand? Ja, und wie! Laut, ziemlich durchdringend und fordernd, die Stimme vibriert. Es ist Carina, die das Flurfenster weit aufgerissen hat: „Tillmann, es geht los. Komm her!" Ich bin sofort hellwach, suche meine Brille, öffne die Reissverschlüsse und stolpere aus dem Zelt. Ich muss nicht lange überlegen, was da gerade losgeht. Klar, die Kids kommen. Scheisse, die wollen jetzt raus! Jetzt, hier, heute! Oh Mann! Oh nein! Nichts da 14. Mai, nichts da erste entspannte Zeltnacht. Die Kinder wollen wirklich raus, und zwar zu dem Zeitpunkt, an dem sie es wollen. Und das ist jetzt.

Mein Körper pumpt Adrenalin, meine Beine sind weich wie Butter. Aber ich bin Sekunden später bei der Haustür, die Carina sofort öffnet. Sie hat unseren „Joker" schon informiert. Res, ein guter Freund und mittlerweile Patenonkel von Janina, ist seit wenigen Wochen auf 7x24-Rufbereitschaft, um auf Lilja aufzupassen, falls es in der Nacht losgeht und wir rausmüssen. Carinas Diagnose: Eine der beiden Fruchtblasen ist geplatzt. Mit dem Spital hat sie schon telefoniert. Dort hat man gesagt, wir müssten nicht hetzen. Aber wir müssen los. Es gibt kein Zurück mehr.

Es dauert keine zehn Minuten und Res steht in der Tür. Wir fragen ihn, ob er geflogen sei. Das ist er nicht. Aber er hat ziemlich Glück, dass er nicht geblitzt oder gar angehalten wurde – und dass er als fanatischer BVB-Fan in kein Röhrchen blasen musste. Egal, er ist da. Nichts anderes zählt in diesem Moment. Ein guter Freund, der hilft. Also rasch noch Lilja in ihr Bett tragen. Für mich ist das in dieser Nacht rückblickend der härteste Moment: sie ihrer ersten

Zeltnacht zu berauben. Aber ich schwöre mir in diesem Moment: Diese Nacht werde ich mit ihr nachholen!

Unterm Strich läuft in diesen Minuten wie auch in den gesamten noch folgenden Stunden alles recht koordiniert. Res noch kurz instruiert, den vorgepackten Koffer zugemacht, letzte Kleinigkeiten wie Handy-Ladegerät und Ausweis eingepackt.

Später wird Carina mir sagen, dass das Ganze für sie ein wenig das Flair von Abfahrten in die Ferien hatte: das nächtliche Aufstehen, der gepackte Koffer, Vorfreude gepaart mit Nervosität. Als ich das höre, kann ich nur den Kopf schütteln. In diesem Moment funktioniere ich einfach. Keine Reflexion, kein Hauch von Ferienstimmung. Die Vorstellung, heute Nacht wieder Vater zu werden, ist für mich vollkommen abstrakt, fast schon absurd. Hätte jemand gesagt: „Falscher Film, Tillmann. Nimm deine Tochter aus ihrem Bett und geh zurück ins Zelt!", ich hätte es sofort gemacht. Ja, mich hat es auf dem falschen Fuss erwischt. Ich bin nicht bereit. Um ehrlich zu sein: überhaupt nicht. Ganz im Gegensatz zu Carina. Sie hatte gerade noch in ihr Tagebuch geschrieben, dass sie parat sei, dass die Kids jetzt eigentlich kommen könnten. Hoffen wir mal, dass die beiden künftig auch so gut auf ihre Mutter hören wie in dieser Nacht ...

Die Strassen sind frei, schon bald sind wir im Spital. Und kurze Zeit später schon in der Gebärabteilung. Ich habe leichte Hektik erwartet: Zwillinge, monochorial, ungeplante Geburt. Das muss doch die Belegschaft nervös machen! Aber nichts da. Wir sind „business as usual". Es geht nicht um Leben und Tod, keine Komplikationen, ein Eingriff wie fast jede Nacht. Vollkommene Entspanntheit. Ich bin tief beeindruckt. Lilja kam damals morgens um acht Uhr auf die Welt. Jetzt, kurz nach Mitternacht, wirken die Abläufe genauso ruhig und routiniert wie damals vor vier Jahren am Morgen. Keine Augenringe beim medizinischen Personal, keine Anzeichen von Stress, keine Nervosität.

Wir kommen in eines der Gebärzimmer, das Prozedere beginnt: Hebamme, Anästhesist, Kinderarzt und Gynäkologin geben sich die Klinke in die Hand. Mittendrin: Carina, vollkommen relaxt. Kaum zu glauben. Ich dagegen stehe weiterhin neben mir. Bin in Gedanken noch in meinem Hilleberg-Zelt und im Schlafsack neben meiner seelig schlummernden Tochter. Jetzt also unter Neonröhren, die Frau mit Infusion im Arm, die Geburt unserer Kinder nur noch eine Sache von wenigen Stunden. Das geht mir zu schnell, viel zu schnell. Entsprechend muss ich auch aussehen. Als ich vom Getränkeautomat mit einem Becher dampfenden Kaffees in der Hand zurückkomme, fragen mich gleich zwei Krankenschwestern, ob bei mir alles o.k. sei. Ein Blick in den Spiegel verrät mir in ungefilteter Härte: O.k. schon, ich kippe nicht um oder so. Aber ich bin alles, nur nicht bereit, zum zweiten Mal in meinem Leben Vater zu werden.

Kurz nach halb zwei. Der Countdown beginnt. Eine ungeplante Not-OP ist beendet und die nächsten sind an der Reihe. Das sind wir. Letzte Abklärungen laufen. Ich lege mein Smartphone mit den Analysen des Dortmund-Spiels aus der Hand. Ein paar Minuten später wird Carina geholt, ich laufe mit bis zur OP-Tür. Wir verabschieden uns, indem wir unsere Fäuste sanft aber bestimmt aneinander drücken. Unser Mutmacher-Zeichen, das es gibt, seit Lilja auf der Welt ist. Dann bringe ich die Geburtenabteilung ein wenig auf Trab. Ich soll/will ja mit in den OP, also muss ich auch so ein schickes grünes Gewand tragen. Und entsprechende Schuhe. Der Ausdruck im Gesicht der Schwester verrät mir, dass Schuhgrösse 47 nicht gerade zur Standardausrüstung gehört. Ein paar Minuten später: „Herr Schulze, ein Paar in Grösse 48, das hat der Herr Professor persönlich für sie organisiert." Wow, das ist ja mal Service, dabei sind wir ja nur halbprivat versichert! Hoffen wir mal, dass das nicht als Sonderleistung auf der Abrechnung landet.

Ich mache mich schick mit meinem grünen Kleid und betrete das Vorzimmer. Kaum auszuhalten dort. Es sind weit über 30 Grad und mir wird zum ersten Mal so richtig bewusst, dass schon bald zwei Kinder das Licht der Welt erblicken werden: Zwei Wärmebetten stehen parat, dazu pro Bett ein Zweierteam von der Neonatologie. Auch hier: totale Gelassenheit, entspannte Sprüche. Durch die Scheibe schaue ich in den OP. Die Anästhesistin ist mit der PDA fertig. Der Raum ist völlig anders, als ich es aus Filmen kenne. Dort wirkt er immer ein wenig düster, nur der OP-Tisch liegt in gleissendem Licht. Hier sehe ich etwas wie ein grösseres Behandlungszimmer einer Arztpraxis. Wenn da nur nicht so viele vermummte Gestalten in Grün wären. Ich zähle durch und komme bis acht.

Dazu die vier von der Neo. Wahnsinn, das sind zwölf Medizin-Profis auf Stand-by oder im Einsatz für eine Zwillingsgeburt! Und daneben bleiben die Stationen ja auch weiterhin besetzt. Eine echte Personalschlacht. Aber das Motto „Nicht kleckern, klotzen" gibt mir zumindest ein gutes Gefühl. Denn wenn es hart auf hart kommt, kann es gut sein, dass all diese 24 Hände so richtig etwas zu tun bekommen. Von daher sollen es lieber ein paar Hände mehr sein, die im Bedarfsfall anpacken können.

Wenige Minuten später sitze ich hinter einem grossen grünen Tuch direkt neben Carinas Kopf. Die Anästhesistin auf der anderen Seite. Die Narkose wirkt noch nicht. Der Chefarzt persönlich prüft in regelmässigen Abständen, ob Carina noch etwas spürt. Dann wird es fast schon skurril: Der Prof will wissen, was Carina beruflich denn so mache. Sie antwortet, dass sie die letzten Jahre in einem anderen Spital für die Kommunikation verantwortlich war. Das ist der Startschuss für eine Diskussion über Sinn oder Unsinn von professioneller Kommunikation mit entsprechenden Kommunikationsprofis und damit verbundenen personellen Ressourcen in Spitälern. Ich kann es nicht fassen: Hallo, meiner Frau werden gleich zwei Kinder aus dem Bauch geholt und sie versucht den Chefarzt der Gynäkologie des Zürcher Universitätsspitals zu überzeugen, dass es doch trotz Personalmangels richtig sei, in mehr Kommunikationsstellen zu investieren! Wie kann sie so entspannt sein? Wahnsinn. Ich bin es nicht, überhaupt nicht.

Im Vergleich zu vor vier Jahren als Lilja geholt wurde geht alles viel schneller und mit weniger physischem Einsatz des medizinischen Teams. Kein massives Geruckel und Gezerre, die Abläufe greifen in perfekter Harmonie ineinander. 2:17 Uhr kommt „Nummer 1": Annika ist auf der Welt. Ich höre sofort ein Schreien. Erleichterung. Schreien ist gut. 2:18 Uhr „Nummer 2": Janina. Ein stilles kleines Bündel. Aber die OP-Schwestern sind relaxt, keine Hektik. Immerhin. Geschafft. Da sind sie, meine beiden kleinen Mädchen. Tränen laufen reichlich. Tränen der Erleichterung. Man sieht sie kaum hinter Maske, Haube und Brille. Mir ist es völlig egal. Wir sind Eltern. Wieder einmal. Wahnsinn, es ist gutgegangen! Ich werde in den Nebenraum gerufen. Ich darf Annika auf den Arm nehmen. Auch hier prüfe ich zunächst aus den Augenwinkeln, ob es irgendwo Anzeichen für Hektik oder Nervosität beim Neonatologie-Team gibt. Aber ich finde keine. Alles Routine, x-fach erprobte Handgriffe, entspannte Gespräche. Hier habe ich zum ersten Mal das Gefühl, Annika und Janina nicht in gleichem Masse gerecht zu werden. Schliesslich kann ich nicht bei beiden Wärmebetten gleichzeitig stehen und verfolgen, was dort vor sich geht. Ein Gefühl, an das ich mich gewöhnen werde. Denn es folgen noch tausende Momente, wo wir als Eltern nicht beiden Kindern in gleicher Weise gerecht werden können. Es braucht seine Zeit, bis ich hier das schlechte Gewissen ablege.

Das Gefühl für Zeit habe ich verloren, aber dann geht die Tür auf. Die OP ist abgeschlossen, der Bauch wieder zu, Carina wird hineingeschoben. Sie ist weiterhin entspannt, glücklich, dass man ihr im Gegensatz zu Liljas Geburt vor vier Jahren die Brille während der OP angelassen hat und sie dadurch sofort Blickkontakt zu Annika und Janina herstellen konnte. Ein wichtiger Moment. Ein paar Minuten später liegen beide Zwillinge an ihren Brüsten und saugen wie wild. Da wird mir klar: Alles ist gutgegangen. Ich habe zwei gesunde Kinder bekommen! Eigentlich überwältigende Gefühle, doch die Kombination aus Neonlampen, gefühlten 40 Grad Celsius und weiterhin einem halben Dutzend medizinischen Personals um mich herum lässt es nicht so richtig zu, diese Momente voll und ganz zu geniessen.

Ein paar Minuten später, die ersten Untersuchungen sind abgeschlossen, begleite ich den Tross der Neonatologie mit den beiden Wärmebetten zur Neo selbst. Diese wurde im Unispital im letzten Jahr erneuert und ich bin schwer beeindruckt von der Grösse, ich meine sogar, noch den Geruch von Farbe wahrzunehmen. Auch auf der Neo diese Ungläubigkeit, dass es mitten in der Nacht sein soll. Nur freundliche und hilfsbereite Ärztinnen und Pflegepersonal. Da Annika und Janina mit ihrer Geburt am vierten Tag in der 36. Schwangerschaftswoche und mit über 2 kg zu den unkomplizierten Fällen für die Neo gehören, sind sie auf der „normalen" Station. Das erspart Carina und mir den Anblick der richtigen Frühchen, deren Start doch deutlich härter verläuft als der unserer Zwillinge. Bei

Lilja gab es vor vier Jahren diese Trennung in dem anderen Spital nicht. Gewisse Bilder von dort betreuten Frühgeborenen waren für uns damals schon belastend.

So bin ich einfach nur happy, als ich erfahre, dass unsere Zwillinge eigentlich nichts mehr ausser etwas mehr Wärme brauchen. Vor allem keine Magensonde. Bei Lilja war das damals für mich direkt so ein Zeichen für „schwerer Fall", auch wenn die Sonde nach zwei Tagen wieder raus war.

Ich wandere zwischen Annika und Janina hin und her, bin weiter wie benommen. Da die beiden ein paar Meter auseinander liegen, fällt es noch schwerer, zu begreifen, dass beide Kinder tatsächlich meine Kinder sein sollen. Da ich anscheinend den Eindruck von „verloren sein" vermittle, fragt mich die Oberärztin, ob ich nicht mal nach meiner Frau sehen wolle, sie hätten hier alles unter Kontrolle und ich müsste mir um Annika und Janina kein Sorgen machen. Auf meine Fragen, wie lange die beiden auf der Neo bleiben würden, antwortet sie ausweichend. Vermutlich wurden Eltern schon zu oft Hoffnungen gemacht, die sich dann zerschlagen haben. Ich bin eh zu benommen, um mir jetzt darum Gedanken zu machen. Ich weiss, meine beiden Süssen in guten Händen. Das ist das Wichtigste. Ein paar Fotos noch und dann zurück zu Carina.

Im Gebärzimmer finde ich eine von der Narkose zitternde, aber vor allem frohe und stolze Zwillingsmutter. Wir haben es geschafft, tatsächlich. Diese grosse Hürde der Ungewissheit haben wir genommen. Und Carina hat irgendwie recht: Eigentlich war es das Beste, was uns passieren konnte, dass die Kinder nicht wie geplant geholt wurden. Sonst hätten wir die Tage rückwärts gezählt und vermutlich wären wir deutlich angespannter gewesen als in dieser Nacht. Und der eine oder andere nicht so nette Traum hätte uns vielleicht auch in den Tagen vor der Geburt heimgesucht. So aber haben wir keine Zeit für Sorgen oder trübe Gedanken. Wir müssen in dieser Nacht kurzfristig und ungeplant handeln. Und alles hat bis jetzt funktioniert. Mit diesem Gefühl schwindet bei mir auch das letzte Quäntchen Benommenheit. Ja, der Start ist tatsächlich gelungen. Wir haben nun drei Kinder. Wir sind eine fünfköpfige Familie. Unglaublich.

Eine Stunde später schaue ich zusammen mit Carina im Bett auf der Neo vorbei. Wir finden zwei friedlich schlummernde Zwerge vor. Weiterhin alles ruhig, alles entspannt. Noch ein paar Fotos. Alles ist gut. Mehr kann ich nicht mehr tun. Also breche ich auf. Der grosse Vorteil: Wenn ich jetzt fahre, bin ich zu Hause, wenn Lilja aufwacht. Der Schock zwischen „ins Bett gehen mit Papi im Zelt" und „aufwachen im Bett im Haus mit Res" wird damit bedeutend kleiner. Beschwingt verlasse ich das Spital. Es ist 4:45 Uhr. Auf den leeren Strassen Zürichs begegnen mir wankende Gestalten auf schlingerndem Kurs nach Hause und einige Radler ohne Licht mit wohl gleichem Ziel. Die Ampeln sind aus, ich muss ständig aufpassen, nicht zu schnell zu fahren.

Im Radio läuft ein Lied. Ich kenne es nicht, den Sänger auch nicht. Aber der Refrain bleibt hängen: „It's a beautiful day". Zufall? Egal. Es passt, verdammt noch mal, es passt jetzt so unglaublich gut! Besser hätte in diesem Moment für mich nun wirklich kein Refrain passen können. 20 Minuten später finde ich Res schlafend auf unserer Couch. Alles friedlich.

Ich lege mich ins Bett, aber an Schlaf ist nicht zu denken. Etwas verloren surfe ich mit dem Smartphone durch die Gegend. Aber zum fünften Mal die Analysen des Dortmund-Spiels zu lesen macht auch keinen Spass. Also bleibt mir nur zu warten bis der Tag beginnt. Kaum höre ich den ersten Mucks aus Liljas Kinderzimmer, renne ich die Treppe hinunter. Wie verstört wird sie sein, dass sie nicht im Zelt aufwacht? Unnötige Sorgen! Für eine Vierjährige verdammt cool nimmt sie die Nachricht entgegen, dass ihre Mami im Spital liegt und sie gerade grosse Schwester geworden ist. Viel wichtiger ist für sie die Gewissheit, dass es heute ein Nutella-Brot gibt, obwohl wir Mittwoch haben – Nutella gibt es bei uns nur am Wochenende und an Feiertagen, na ja, und der 1. Mai ist halt ein Feiertag. Und genau solche Reaktionen zeigen mir, warum es einfach toll ist Kinder zu haben ...

Res macht sich auf den Weg zurück zu seiner Familie und ich gehe mit Lilja zur nahegelegenen Primarschule an die Kletterwand und geniesse die Sonne. Das Spital, die Nacht, das Vater werden: Alles ist so unwirklich.

Vor dem Mittagessen setze ich noch einen lang gehegten Plan um:

Ich gehe ins Badezimmer, nehme den Bartschneider aus dem Spiegelschrank und rasiere mir die Haare auf dem Kopf ab. Von Scheitelfrisur auf drei Millimeter in wenigen Minuten. Warum? Zum einen wäre es aufgrund der lichter werdenden Haarpracht eh jetzt irgendwann erforderlich gewesen. Denn ich hätte nie zu den Herren im fortgeschrittenen Alter gehören wollen, die krampfhaft mit Haarspray und Kamm versuchen, ihr nicht mehr vorhandenes Kopfhaar mit ein paar geschickt gekämmten überlangen Strähnen zu verdecken. Und zum anderen hat das Ganze für mich auch einen symbolischen Wert: Die vielen Haare, die da sanft zu Boden segeln, stehen für mich auch für den Ballast, der mir durch die Geburt von Annika und Janina von den Schultern fällt. Die vielen Wochen und Monate der Ungewissheit haben ihre Spuren hinterlassen. Jetzt scheint alles gut zu sein. Und um das noch zu unterstreichen, trenne ich mich von einigen Zentimetern Haarpracht. Lilja steht die ganze Zeit dabei und versteht gar nicht, was ihr Papi da macht. Ich kann es ihr auch nicht richtig erklären. Aber während ich es mache, spüre ich, dass es mir sehr, sehr gut tut.

Am Nachmittag besuche ich zusammen mit Lilja Carina auf ihrem Zimmer. Sie sieht schon deutlich besser aus. Gemeinsam gehen wir zur Neo. Lilja ist zunächst schon ein wenig unwohl mit den ganzen Monitoren, dem leicht beissenden Geruch nach Desinfektionsmittel und den vielen Kindern in diesen hohen Betten mit der Wärmelampe. Dazu liegt neben Janina ein Junge mit Gelbsucht, der mit UV-Licht bestrahlt wird. Ein bisschen viel für eine Vierjährige. Sie begreift es noch nicht, dass dies ihre Schwestern sind, die sie nun ein Leben lang begleiten werden. Aber wie soll sie auch, wenn auch die Eltern es längst noch nicht glauben können.

Abends, nachdem ich Lilja ins Bett gebracht habe, sitze ich auf der Couch. Ich bin nun über 40 Stunden wach, von Müdigkeit aber noch keine Spur. Es regiert weiterhin das Adrenalin. In der Hand ein Stück Heimat, eine Flasche Früh-Kölsch, perfekt temperiert. Vor mir das sensationelle Spiel der Bayern gegen Barcelona. Ich denke nicht viel in dieser Zeit. Aber da ist so ein leichtes, aber konstantes Lächeln in meinem Gesicht. Ich bin Vater von Zwillingen geworden. Letzte Nacht. Ich bin zufrieden. Ich bin glücklich.

3

BURGHERR

Familienkutsche

Ich verstehe nichts von Autos. Sie interessieren mich nicht. Und taten es auch nie. Selbst als Grundschüler fand ich normale Auto-quartetts langweilig. Ich spielte lieber mit Panzer- und Kriegsschiffe-Quartetts. Fragt sich, wie ich bei dieser kindlichen Prägung zehn Jahr später Zivildienst machen konnte. Aber das ist eine andere Geschichte.

Als wir in der Schule lernten wie ein Otto-Motor funktioniert, habe ich lieber durch das Fenster zu den Nussbäumen auf dem Schulhof geschaut und mir überlegt, wie man da am besten raufklettert oder wie lange es dauert, sie mit meinen Pfadfinder-Kumpels mit einer Axt zu fällen. Vielleicht habe ich in diesen Stunden auch den Mädchen kleine Zettel geschrieben, zerknüllt und ihnen in vom Lehrer unbeobachteten Momenten zugeworfen.

Mein Vater versteht auch nichts von Autos. Die höchste automobile Handfertigkeit meiner Familie bestand darin, Sommer- und Winterreifen zu wechseln. Daher bin ich heute froh, wenn ich wenigstens weiss, wo ich Flüssigkeit für den Scheibenwischer nachfüllen muss. Eine leere Batterie führt bei mir schon zu massiv erhöhtem Blutdruck und akuten Schweissausbrüchen.

Also nicht gerade die ideale Ausgangslage, wenn man sich ein neues Familien-Auto anschaffen muss. Eigentlich hatten wir gehofft, diese Aufgabe für ein paar Jahre ad acta gelegt zu haben. Denn schon mit der Geburt unserer ersten Tochter hiess es das Kapitel Autokauf aufzuschlagen. Kein schönes Kapitel. Denn in diesem wimmelte es nur so von schmierigen und windigen Autoverkäufern, Dieselpartikel-Filtern oder Bremsassistenten. Freunde zu haben, die etwas von Autos verstehen, kann da hilfreich sein. Doch wenn diese einem dann als Fans altertümlicher Schlachtschiffe einen Volvo Baujahr 1992 als die perfekte Familien-Kutsche vorschlagen oder sich als promovierte Kraftfahrzeug-Ingenieure mit Schwerpunkt Reifen-Technologie in den unendlichen Welten der automobilen Fachsprache verheddern und einen mit diversen für Laien völlig unverständlichen Software-Tools zuschütten, bringt das Kfz-Novizen wie uns auch nicht besonders viel weiter.

Vor vier Jahren wählten wir darum den Weg, bei dem Autohändler Tränen der Freude weinen und sich die Hände reiben: Familie ohne Ahnung kauft Neuwagen. Ein einfacher Fang. Die stellen wenig Fragen, feilschen nicht, da sie nicht wissen, wo sie anfangen sollen und wie weit sie gehen können, und sind ganz schnell zufrieden, wenn sie sich bloss einmal in ein ausgestelltes Fahrzeug setzen dürfen. Frische Tasse Kaffee dazu, ein wenig ungezwungener Smalltalk und ein Lächeln, schon ist der Deal erledigt.

Ja, gut, ich gebe zu, es machte schon ziemlich Spass, im Internet beim Car-Configurator hin und her zu klicken und den Traumwagen zusammenzustellen. Besseres Radio hier, Mittelkonsole mit AUX-Anschluss da, doppelter Ladeboden – eine tolle Auswahl. Wenn da nicht diese Spassbremse namens Bankkonto wäre ... Schlussendlich bewegt uns eine Schnittmenge aus ADAC-Autotest, Tipps besagter Freunde sowie Bauchgefühl zur Kaufentscheidung. Es wurde ein Skoda Octavia. Für uns das ideale Gefährt für eine Familie, die irgendwann einmal auf vier Köpfe wachsen sollte. Mindestens 150.000 km sollte er auf dem Tacho haben, bevor wir uns von ihm wieder trennen und grob acht bis zehn Jahre halten.

So ein Kombi ist schon eine tolle Sache. Man kann beinahe unbegrenzt Sachen drin verstauen. Auch wenn mit Kindern der Kofferraum schon beim Samstagnachmittagsausflug zum See um die Ecke so voll ist wie früher beim Abflug zum Austausch-Semester in die USA. Doch auch ein Kombi, selbst ein Octavia mit dem grössten Kofferraum seiner Klasse, stösst irgendwann an seine Grenzen. Und zwar dann, wenn man auf der Rückbank mehr als zwei Kinder gesetzeskonform transportieren möchte. War es für mich und meine beiden grossen Schwestern in den 80ern noch kein Problem, in unserem schicken Passat-Kombi in der Trendfarbe braun-metallic die Rückbank zu teilen, da es ausser einer Sitzerhöhung einfach nichts an Nachwuchs-Schutz gab, so kommt man ja heute nicht drum herum, Sitze anzuschaffen, die Ähnlichkeit mit dem Kommando-Sessel in Luke Skywalkers Sternenkreuzer in Star Wars haben. Und da kommt dann wie gesagt selbst der als „Raumwunder" gepriesene Octavia umgehend an seine Grenzen.

Mit dem Wissen, dass es Zwillinge werden, ist klar: Unser Skoda würde niemals die anvisierten 150.000 km erreichen – jedenfalls nicht mit uns. Vielmehr würden wir deutlich früher als geplant erneut das ungeliebte Kapitel „Autokauf" aufschlagen müssen. Diesmal jedoch zusätzlich von Schmerzen gepeinigt, die entstehen, wenn man den Preis für sein altes Auto genannt bekommt, das man in Zahlung geben möchte. Da zu jener Zeit gerade auch der neue Octavia rauskommt und die sogenannte Europrämie in der Schweiz den Markt für Gebrauchtwagen gnadenlos in die Mangel nimmt, gibt es für unseren schönen Kombi nur noch ein Taschengeld. Schlimm.

Jetzt gilt als neue Maxime bei den anstehenden Überlegungen für das Grossfamilien-Gefährt: grösser, breiter, schwerer, länger. Einen Bus brauchen wir zwar noch nicht, dafür aber ein Fahrzeug, in das man halt drei Kindersitze nebeneinander bekommt. Und davon gibt es nicht ganz so viele auf dem Markt, genaugenommen 23 – so sagt es uns zumindest eine Eltern-Zeitschrift.

Dieses Mal geht es mit der Auswahl recht flink. Carina nennt zwei Killer-Kriterien: Schiebetüren und Allrad. Beides leuchtet mir sofort ein: Schiebetüren sind ein Segen, wenn man sein Auto vor überschwänglicher Kinderenergie schützen und Versicherungsprämien aufgrund von Dellen und Kratzern an nebenan geparkten

Fahrzeugen vermeiden will. Denn durch den zunehmenden Bewegungsdrang hatte unsere Grosse schon bei so mancher Mauer eine persönliche Autogrammkarte auf den Rücktüren unseres Octavia hinterlassen. Also Schiebetüren.

Auch der Allrad erfordert keine Diskussion. Wir wohnen auf 630 Meter. Da gibt es im Winter schon mal Schnee, auch mal etwas mehr, und solchen, der liegen bleibt. Durchgedreht sind wir mit dem Vorderrad-Antrieb vom Octavia immer wieder, doch der letzte Winter vor den Zwillingen macht alles klar: Carina kommt mit Lilja von der Krippe und will in unsere Einfahrt einbiegen. Aufgrund eines kleinen Schneedamms von vielleicht 20 cm kommt sie aber nicht in die Einfahrt, dreht durch, driftet zur Seite und blockiert die Strasse komplett. Folge: Autos von oben, Autos von unten. Dazu eine fluchende und überforderte schwangere Mutter und ein heulendes Kind. Eine hemdsärmlige schwedische Mutter, die vermutlich schon unzählige 50-mal härtere Winter und deutlich höhere Schneemauern viele hundert Kilometer nördlich des Polarkreises überlebt hat, setzt sich dann ans Steuer unseres Wagens und manövriert diesen mit viel Willen, nordischer Coolness und einem Hauch Mitleid für uns und unseren Vorderradantrieb in die Einfahrt. An diesem Abend ist klar: Einen solchen Moment soll es nicht noch einmal geben. Die Vorstellung, dann hinten im Auto drei heulende Kinder zu haben, sorgt dafür, dass beim Car-Configurator in jeder Variante der Haken für die Allrad-Version gesetzt bleibt.

Mit dem neuen Selbstbewusstsein von vier Jahren als Kombi-Besitzer lasse ich auch die gut gemeinten Ratschläge aus dem Freundes- und Bekanntenkreis links liegen und begebe mich selbstständig ins Internet. Nach ein paar halbwegs seriösen Testberichten ist klar: VW Sharan oder Seat Alhambra. Noch schneller dann die finale Entscheidung: VW kostet mehr als Seat, der Rest ist fast identisch. Also der Alhambra. Die Augen leuchten dann wieder auf, als ich im Car-Configurator die ganzen Sonderwünsche zusammenstelle. Einiges fällt dann zwar wieder dem roten Sparstift zum Opfer, doch wir meinen aus den vier Jahren Octavia gelernt zu haben. Darum gibt's ein paar Sonderwünsche für das perfekte Zwillingsmobil: Ledersitze, da es hier weniger Flecken gibt, vor allem, wenn sich ein

Kind mal erbricht. Grosses Schiebedach, damit die Kids sich in ihren Baby-Schalen am Spiel der Wolken erfreuen können. Automatische Schiebetüren und Heckklappe, damit es keine kaputten Finger gibt. Und klar, der Zwillings-Kinderwagen, der muss auch reinpassen. Aber Platz gibt's im Alhambra wirklich genug.

Spätestens nachdem ich mich einen Tag nach dem Abholen unseres neuen Autos mit einer Kiste Bier und den beiden Paten unserer Zwillinge bei umgeklappten Bänken und wummernder Musik einen Nachmittag ins Auto verziehe und wir später weder Rückschmerzen noch Beulen haben, ist klar: Der Alhambra wird seinem Namen gerecht. Denn Alhambra ist Arabisch und bedeutet „Burg". Ja, das ist eine richtige Festung, die jetzt bei uns im Carport steht.

Der Abschiedsschmerz unserer Grossen ist dann allerdings unübersehbar, als wir dem Seat-Händler die Schlüssel für den Octavia in die Hände drücken. Doch spätestens nachdem sie feststellt, dass sie die Schiebetüren per Knopfdruck allein öffnen kann und diese Türen immer das machen, was sie will, ist der Skoda ganz schnell vergessen und sie ein glückliches, kleines Burgfräulein.

Unser Alhambra bewährt sich in den nächsten Wochen und Monaten. Allerdings muss ich zugeben: Bis heute haben weder Carina noch ich die Bedienungsanleitung gelesen. Es fehlt uns dazu schlicht und einfach die Zeit. Der Wagen fährt ja schliesslich und erfüllt damit seinen primären Zweck. Und unsere knapp bemessene Freizeit wollen wir besser nutzen als mit dem Lesen einer kleingedruckten, viel zu dicken Broschüre. Die Folge: Auch ein Jahr nach dem Kauf ist die Bedienung von Tempomat und Klima-Automatik für uns ein Buch mit sieben Siegeln und wir nutzen beide Funktionen kaum oder gar nicht. Aber eben, fürs richtige Klima kann man ja sonst auch das Schiebedach öffnen und wieder schliessen – das können wir zumindest ordentlich bedienen, da müssen wir ja auch nur einen Knopf drehen ...

Mit dem Kauf des Alhambras denken wir das Thema der motorisierten Mobilität für uns abgeschlossen zu haben. Aber dann rückt der Tag näher, an dem Carina wieder in ihrem alten Job einsteigt und unsere beiden kleinen Damen zwei Tage in der Woche in die

Krippe gehen. In den Weihnachtsferien setzen wir uns hin und überlegen, wie wir die Krippen-Logistik am effizientesten gestalten können. Grundsätzlich ist es möglich, dass alle vier Parteien – die Zwillinge, Lilja, Carina und ich – mit öffentlichen Verkehrsmitteln unsere Arbeitsplätze, den Hort und die Krippe erreichen. Aber oft nur mit vielfachem Umsteigen und sehr langen Wartezeiten, wenn wir mal einen Bus oder einen Bahn verpassen sollten. Wir grübeln hin und her. Fakt ist: Wenn Carina und ich uns mit dem Bringen und Holen der Kids aufteilen und einer von uns den öffentlichen Verkehr nutzt, dann verlieren wir Zeit, viel Zeit. Und wir haben an diesen beiden Tagen am Morgen zusätzlich Stress, um die Kinder pünktlich fertigzumachen. Wollen wir diesen Stress? Wollen wir zwei Tage die Woche jeweils mindestens eine Stunde, eher mehr im öffentlichen Verkehr verlieren? Wo doch Zeit so kostbar ist?

Und so reift bei uns ein Entschluss, den ich als ehemaliger Hardcore-Fahrrad-Fanatiker vor ein paar Jahren noch kategorisch ausgeschlossen hätte: Wir entscheiden uns für den Kauf eines Zweitwagens. Zweitwagen, oh Gott! Das klingt für mich immer noch schwer dekadent und fussfaul. Aber ich habe mich dran gewöhnt. Und so steht dann im Februar, wenige Tage vor dem Krippenstart, noch ein Auto bei uns in der Einfahrt. Auch bei dieser Entscheidung sind wir äusserst effizient: Zwischen der Entscheidung für den Autokauf bis zum Unterzeichnen des Kaufvertrags vergehen genau fünf Tage. In dieser Zeit durchforsten wir das Web und ich schaue bei zwei Autohändlern kurz vorbei. Den Zuschlag bekommt dann unser alter Skoda-Händler. Während die beiden anderen wohl denken, ich sei wie vermutlich das Gros der Männer, also ziemlich autogeil, kennt uns der Skoda-Händler aus Uster noch vom Octavia und weiss, dass für uns ein Auto alles andere als ein Statussymbol ist. Die anderen beiden wollen mich noch mit Sportsitzen, Navi und anderem Schnick-Schnack sowie einem schicken Leasing-Angebot ködern. Aber wir brauchen de facto nur ein einfaches Kurier-Fahrzeug, das vier Räder und einen Motor hat und in das zwei Kindersitze auf die Rückbank passen. Mehr nicht. Für alles andere haben wir unseren Alhambra. Und so wird es dann ein Skoda Citigo mit der absoluten Minimalausstattung. Aber das reicht. Wobei, es hätte auch ein

Skoda Fabia werden können, preislich wäre das o.k. gewesen. Aber der Fabia sieht uns dann doch zu bieder und zu sehr nach Hut oder Wackel-Dackel hinten auf der Ablage aus. Trotz der kaum vorhandenen Auto-Affinität – so ganz schlecht wollen wir auf der Strasse mit unseren Zwillingen hinten drin dann doch nicht aussehen.

Also gibt's für uns den Citigo mit schnuckeligen 60 PS. Aber rein äusserlich kann man sich mit ihm sehen lassen. Und wir fühlen uns ein wenig besonders. Gegen einen Mini, das gebe ich zu, hätten wir als zweites Zwillings-Mobil auch nichts gehabt. Unsere Portemonnaies aber schon. Und Minis gibt es zudem im Grossraum Zürich so viele, dass man sie fast schon nicht mehr sehen kann. Ist ja schliesslich ein schickes Begleitfahrzeug zu Chayenne oder Panamera. Einen anderen Citigo haben wir seltsamerweise bis heute nicht gesehen. Aber genau das gefällt uns irgendwie auch ein bisschen ...

Zwillings-Kinderwagen

Die Anschaffung des Alhambras ist die eine erforderliche Investition in ein vierrädriges Gefährt. Da gibt es aber natürlich noch eine andere. Deutlich weniger kostenintensiv, wenn auch immer noch teuer und mit mindestens genauso vielen Fragestellungen und Überlegungen behaftet wie ein Auto. Genau, es geht um den Zwillingskinderwagen. Mit der Nachricht, dass wir doppelten Nachwuchs bekommen, ist klar, dass wir uns nicht nur von unserem Skoda, sondern auch von unserem Einlingskinderwagen trennen müssen. Auch dieses Gefährt war ursprünglich für die mehrfache Nutzung gedacht und daher von uns neu gekauft worden.

Bei der Wahl des Zwillingsgefährts machen wir es genauso wie damals schon beim ersten Kinderwagen: Carina hat den Lead und ich die beratende Funktion. Schlussendlich ist aber klar: Das letzte Wort hat sie. Denn zum einen würde sie mit dem Wagen deutlich mehr unterwegs sein als ich und zum anderen gibt es dann wiederum Dinge, die bei ihr zu Killer-Kriterien werden und bei mir eher von beiläufiger Bedeutung sind; beispielsweise Gewicht und Sperrigkeit beim Einladen ins Auto.

Während ich uns also den Weg als Burgbesitzer ebne, kämpft sich Carina durch diverse Foren, checkt Websites und durchblättert Elternzeitschriften. Im Vergleich zum Einlingsgefährt können wir jetzt auf deutlich weniger Tipps und Praxiserfahrungen aus dem Freundes- und Bekanntenkreis zurückgreifen. Einzig meine Schwester gibt uns eine Empfehlung: „Kauft keinen TFK!" Denn nach ihren Zwillingen war ihr TFK schrottreif und konnte nicht einmal mehr mit ruhigem Gewissen im Netz versteigert werden. Auf der anderen Seite hat sie auch zwei Jungs damit bewegt, dazu kommen vier grössere Kinder, die immer mal wieder gern „per Anhalter" auf dem Wagen mitgefahren sind. Das ist natürlich eine andere Form der Belastung und ganz sicherlich vom Hersteller so nicht vorgesehen. Trotzdem: Der TFK ist draussen, Bauchentscheidung.

Ich bin sehr gespannt, was Carina mir als ihren Favoriten vorstellen würde. Tief muss ich durchatmen, als sie mir eines Abends eröffnet, dass eigentlich alles auf den Donkey von Bugaboo hinauslaufen würde. Ein Bugaboo? Ich bin entsetzt. Das kann sie doch nicht ernst meinen! Die Schulzes mit einem Bugaboo? Ist sie denn des Wahnsinns? Das müssen die Hormone sein!

Mit Bugaboos verbinde ich vor allem eines: sonnenbebrillte Stadt-Zürcherinnen, die mal schnell ihren Wagen über ebenen Asphalt für ein paar Meter in ein In-Café schieben, um dort einen Latte Macchiato mit ihren Freundinnen zu trinken, die natürlich auch alle einen Bugaboo dabei haben. Die Farbe des Sitzsacks jeweils perfekt abgestimmt auf die Lackierung oder die Polster des Porsche Cayennes oder zumindest ihres Minis. Ja, ich weiss, das ist jetzt ein Klischee. Aber wer mal an einem Werktag vormittags bei gutem Wetter in Zürich down-town unterwegs war, der weiss, warum es dieses Klischee gibt. Mit dem Bild des Einlings-Bugaboos verbinde ich vor allem ein Gefährt, das ausschliesslich für die Stadt geeignet ist. Kommt ein Kieselstein in die Quere, blockiert der Wagen – so meine felsenfeste Überzeugung. Mit unserem Teutonia konnte ich damals mit Lilja über Stock und Stein fahren, durch flotschigen Schnee und – rückblickend verklärt – durch bestimmt knietiefen Matsch. Ein richtiger Panzer. Mit einem ebenso hohen Gewicht und wenig filigranen Lenkeigenschaften. Aber bestens geeignet für nachmittägliche Ausfahrten in Wald und Flur eines Vaters mit Bewegungsdrang. Und wir leben nun mal auf dem Land – was also um Himmels willen wollen wir mit einem Bugaboo?

Ein paar Wochen später kaufen wir den Bugaboo. Und ich bin nun auch „einer von denen". Doch Carina hat mir nicht einfach mein Veto-Recht genommen, sie hat mich überzeugt. Und nicht nur sie allein, auch diverse Probefahrten. Schon beim Anschauen im Netz muss ich meine Vorurteile ein wenig zurücknehmen, denn die Bereifung des „Donkey" ist völlig anders als die der Ein-lings-Geräte mit diesen Mini-Rädchen vorn. Der Donkey hat vorn 10-Zoll-Räder mit Luftbereifung. Beste Bedingungen also für Wald und Höhle. Und spätestens beim Probeschieben im Laden war klar: Kein anderes Gefährt ist so wendig, hat so gute Lager und lässt sich vor allem so klein zusammenpacken. So ist es sogar möglich, den kompletten Wagen inklusive Babyschalen hinten im Alhambra zu verstauen, wenn man die dritte Sitzreihe hochgeklappt hat und mit sieben Personen unterwegs ist. Von daher lasse ich mich von Carina gern überzeugen. Und sollten wir dann auch mal werktags in Zürich unterwegs sein: Da wir Zwillinge befördern, kann man uns nicht so einfach mit den sonnenbebrillten Stadt-Zürcher Schnicksen über einen Kamm scheren ...

Bis heute haben wir den Kauf des Donkey nicht bereut. Er ist ein rechter Lastesel, der schon eine Menge geschobene Kilometer überstanden, hat, vornehmlich auf Wald- und Feldwegen. Einen Plattfuss gab es bislang nicht, die Kinder fühlen sich wohl und – das muss man schon sagen – der Wagen sieht einfach schick aus!

Ein Erlebnis bleibt im Zuge der „Mission Zwillingswagen" unvergessen. Beim Besuch des grössten Baby-Geschäfts, das ich je in meinem Leben von innen gesehen habe, erhalten wir die Mög-lichkeit, verschiedene Zwillingswagen zu testen. Während in den meisten Geschäften nur ein bis drei Modelle zur Verfügung stehen, sind es hier rund zehn Stück – der Markt für Mehrlingseltern wächst definitiv. Beim Durchprobieren erstarren wir plötzlich. Vor uns steht ein Drillingswagen. Drei Babyschalen nebeneinander! Wahnsinn. Im Internet haben wir zwar solche Gefährte schon gesehen, aber jetzt, live und in Farbe wird uns schon ein wenig anders. Schon mit unserem Zwillingswagen fühlen wir uns oft genug wie im Zoo. Wie muss das erst mit einem solchen Wagen sein? Und selbst mit unserem Zwillingswagen kommen wir nicht in alle Aufzüge und alle Strassenbahnen und auch so mancher Bürgersteig wird ganz schön eng. Wo kann man sich mit einem solchen Monster überhaupt noch frei bewegen? Wir schauen uns an und denken das Gleiche: „Glück gehabt, wir bekommen ‚nur' Zwillinge."

4

SCOTTIE PIPPEN

Anfang der Neunziger Jahre wurde in Deutschland eine Sportart populär, die bis dahin eher ein Schattendasein gefristet hatte und höchstens von ein paar zu hoch gewachsenen, schlaksigen Kerlen aus besseren Verhältnissen betrieben wurde: Basketball. Deutsche Spieler suchte man in der NBA, der nordamerikanischen Basketball-Profiliga, viele, viele Jahre vergebens. Irgendwann spielte Detlev Schrempf dann mal für die Seattle Supersonics. Doch wer kannte schon die Sonics? Wer Detlev Schrempf? Kaum jemand in Zeiten, als es noch kein Internet gab und die Sportkanäle Basketball noch längst nicht für sich entdeckt hatten, sondern lieber Wrestling aus den USA übertrugen.

Doch dann kam die Wende. Basketball wurde in Deutschland populär. Dies hing nicht mit dem unerwarteten Europameisterschafts-Titel der deutschen Herren im Jahr 1993 zusammen. Diese Wende ist vor allem einer Person zu verdanken: Michael Jordan. Dem Flügelspieler der Chicago Bulls, von vielen ehrfürchtig „Air Jordan" oder „His Airness" genannt, gelang es mit seiner Rückennummer 23 nicht nur, die Bulls zu insgesamt fünf Meisterschaften in den Neunzigerjahren und das US-„Dream Team" mit Magic Johnson & Co. 1992 in Barcelona zu Olympia-Gold zu führen.

Er schaffte es auch, auf einzigartige und bis dahin unvorstellbare Art und Weise, seinen Sport und vor allem auch sich selbst zu vermarkten.

Doch Jordan erreichte all diese Siege und Ehren nicht allein. Basketball ist ein Teamsport. Ergo brauchte Jordan ein Team. Und er brauchte vor allem Scottie Pippen. Aber wer ist jetzt bitte Scottie Pippen? Pippen, für viele Basketball-Insider damals der wohl beste Verteidiger der NBA, war Jordans kongenialer Partner. Es gab da eine unglaubliche, ja beinahe unheimliche Abstimmung zwischen den beiden. Sie ahnten die Spielzüge des jeweils andern. Sie fühlten und antizipierten Laufbewegungen, Pässe und Würfe. Und sie verschmolzen oft genug miteinander auf dem Spielfeld zu einem athletisch-dynamisch-eleganten Duo, das seinen Gegnern das Fürchten lehrte. Dabei war Jordan immer der Boss. Doch „His Airness" war sich der Bedeutung Pippens bewusst. Hatte Jordan mal einen seiner wenigen schlechten Tage, war Pippen sofort zur Stelle. Er räumte unterm Korb ordentlich auf und bereitete den nächsten Spielzug vor. Oft genug schloss er aber auch selbst krachend per Dunking oder als „tödlicher" Scharfschütze mit einem präzisen Drei-Punkte-Wurf ab. Hing hingegen Pippen durch und brachte nicht die für ihn normalen 120 Prozent, glänzte Jordan mal nicht nur mit Dunks und anderen Filet-Stückchen im Angriff, sondern half auch mal hinten unter dem eigenen Korb aus. Dort, wo die Drecksarbeit stattfindet, wo es weh tut. Aber auch nur, um dann gleich wieder aus der unmöglichsten Rücklage einen Sprungwurf zu machen oder mit der für Jordan typischen ausgestreckten Zunge nahezu schwerelos über die Köpfe der Gegner fliegend den Ball ins Netz zu stopfen.

Wer das liest, merkt recht schnell: Ich mag Basketball. In den Neunzigern habe ich als Schüler während mehrerer Jahre sehr intensiv Basketball gespielt, war damals grosser Fan der Bulls und durchaus auch von „Air Jordan".

Und was hat das jetzt alles mit meiner heutigen Rolle als Zwillingsvater zu tun? Ganz einfach: Carina und ich sind so etwas wie Michael Jordan und Scottie Pippen. Denn blicke ich auf das Team zurück, das Carina und ich seit vielen Jahren bilden und das während des ersten Jahrs als Zwillingseltern auf die Probe gestellt wird, so sehe ich vor mir immer häufiger dieses Duo. Carina und ich kennen uns seit vielen Jahren. Wir sind aufeinander eingespielt. Wir wissen, wie der andere denkt und fühlt – meistens zumindest. Wir können uns vertrauen. Wir kennen die Stärken und Schwächen des anderen und sind bereit, Verantwortung zu übernehmen und eine Schippe draufzulegen, wenn der andere mal einen schwachen oder sogar richtig schlechten Tag hat.

Schon als unsere Grosse auf die Welt kam, aber umso mehr noch mit der Geburt der Zwillinge ist klar: Carina ist Michael Jordan. Ich bin Scottie Pippen. Carina trägt als Mutter die Hauptlast, führt uns als Familie über Müdigkeit, blanke Nerven und frustrierende Momente hinweg von Tag zu Tag und damit von einem kleinen Sieg zum nächsten. Ohne sie läuft es nicht. Als Mutter hat sie per se einen anderen Bezug zu unseren Zwillingen als ich in meiner Rolle als Vater. Und durch das Stillen geht es die ersten Monate wirklich nicht ohne sie. Sie muss funktionieren, sie muss jeden Tage aufs Neue ihre Aufgaben, ja ihre Pflichten übernehmen. Aufgeben ist für sie keine Alternative. Sie beweist sich jeden Tag.

Auf der anderen Seite wäre sie auf sich allein gestellt auf verlorenem Posten. Sie braucht das Team. Und Michael Jordan braucht vor allem Scottie Pippen. Entsprechend kann die Zwillingsmutter nicht ohne den Zwillingsvater. Ich stelle fest: Im Vergleich zu Lilja, damals in meiner Rolle als „Einlingsvater", trage ich bei Annika und Janina deutlich mehr Verantwortung. Ich bin im ersten Jahr ständig gefordert, damit jeder Tag irgendwie doch noch ein Erfolg wird, egal wie anstrengend, egal wie nervenaufreibend.

Doch es gibt auch Unterschiede zwischen dem Dreamteam der Bulls und den Schulze-Zwillingseltern. Michael Jordan und Scottie Pippen mussten während der Spielzeiten der NBA zwei- bis dreimal pro Woche auflaufen, um ihre Spiele zu spielen und zu gewinnen. Carina und ich laufen jeden Tag auf. Wenn es sein muss 24 Stunden lang und nicht nur 4x10 Minuten plus Pausen. Am Ende einer NBA-Saison hatten Jordan und Pippen teilweise über 80 Spiele absolviert. Eine Menge, gar keine Frage. Dazwischen gab es Trainings, vor allem aber auch Ruhetage. Die Zeit mit Lilja allein könnte man durchaus als Training von Carina und mir für die Zwillinge bezeichnen. Doch zwei Kinder sind eine andere Liga. Und Ruhetage gibt es keine. Zu Beginn gibt es höchstens Momente der Ruhe, kurze Zeiten zum Abschalten. Später sind es dann mehr, aus Momenten werden Phasen. Und aus Phasen werden nach ein paar Monaten Freiräume. Aber diese bleiben begrenzt, in unserem Fall sogar sehr begrenzt.

Fakt ist: Gibt es Zwillinge, müssen die Eltern ein gutes Team sein, ein verdammt gutes Team. Sie müssen funktionieren, sie müssen sich aufeinander verlassen können. Vor allem dann, wenn es eben keine lange Ersatzbank mit Grosseltern und sonstigen Familienangehörigen gibt, die nach Bedarf eingewechselt werden und den Eltern eine Verschnaufpause bieten können. Wie beim Baseketball umfasst unser „Schulze-Team" insgesamt fünf Personen. Aber im Gegensatz zu Pippen und Jordan haben wir keinen Stab an Handtuchhaltern, Wasserholern und Physiotherapeuten, die uns jeden Wunsch von den Lippen ablesen und sich sofort um alle grossen und kleinen Blessuren kümmern. Unterstützung müssen wir uns selbst suchen, diese direkt anfordern oder zumindest koordinieren.

Was meine Rolle als Zwillingsvater betrifft, so ist es während Carinas Schwangerschaft ganz ähnlich wie zu dem Zeitpunkt, als Carina mit Lilja schwanger war: Carina liest diverse Bücher und Zeitschriften und wir haben mit der Zeit auch Kontakt zu ein paar wenigen Zwillingseltern in unserem Umfeld. Das Feedback lautet immer: „Tillmann, mach dich einfach darauf gefasst, dass du mit Zwillingen anders gefordert sein wirst als mit nur einem Kind." Meine Antwort ist dann immer: „Ja, dessen bin ich mir bewusst, ich stelle mich darauf ein." Aber, eben, das ist vergleichbar mit all den nett gemeinten Ratschlägen, bevor man das erste Mal Vater wird. Auch 2008/2009 hiess es: „Dein Leben wird anders!" Und ich sagte: „Ja, das weiss ich." Da facto wusste ich damals gar nichts. Ich hatte keine Ahnung davon, wie anders es werden würde. Und jetzt mit den Zwillingen ist es genau das Gleiche: Das Leben wird ab dem Tag, wo die Zwillinge nach Hause kommen, so dermassen anders, dass es nur eine Gruppe gibt, mit denen es Sinn macht sich auszutauschen: andere Zwillingsvätern. Das macht das Leben nicht unbedingt einfacher, denn diese Gruppe ist

halt doch deutlich kleiner als die beträchtliche Gruppe der „Ein-
lings-Väter".

Ebenso wenig glaube ich während Carinas Zwillings-Schwangerschaft ein paar Ratschlägen, die ich damals eher als Panikmache
abtue. So kann ich mir überhaupt nicht vorstellen, dass eine Zwillingsmutter, die stillt, die ersten zwei Monate eigentlich nichts
anderes macht als auf der Couch zu sitzen und zu stillen und de
facto eigentlich das Haus nicht verlässt. Nach unseren ersten zwei
Monaten muss ich sagen: Genauso ist es. Carina verbringt ihre Tage
eigentlich nur zu Hause und ich versuche wenn immer möglich,
ihr kleine Freiräume zu verschaffen, damit sie auch mal Pause hat
oder sogar mal das Haus verlassen kann. Wir sind in diesen ersten
Wochen lange Zeit Weltmeister des Schwarzen Humors. So ist
es oft Carinas „Tages-Highlight", wenn ich so früh von der Arbeit
komme, dass sie Lilja von der Krippe abholen und somit mal ein
wenig die Nase ins Freie stecken kann. Dann kann sie Jogginghose
und mit Muttermilch vollgespuckte T-Shirts ausziehen und für
einen Moment nicht nur Zwillingsmutter, sondern auch „normale
Mutter" und vor allem Frau in einer normalen Welt und nicht in
unserem „Zwillings-Mikrokosmos" sein.

Aber auch für mich heisst es in den ersten Monaten massiv
zurückzustecken. Drei zeitliche Blöcke bestimmten meine Tage:
Job, Familie mit Schwerpunkt Zwillinge und Schlafen, Letzteres in
den ersten Wochen häppchenweise. Und die Tage, sie rieseln mir
wie Sand durch die Finger. In einer unglaublichen Geschwindigkeit
sind sie vorbei und hinterlassen oftmals kein befriedigendes Gefühl.
Was habe ich heute eigentlich gemacht? Diese Frage stelle ich mir
oft genug. Es fällt mir schwer, mich damit zu arrangieren, dass Ele-
mente meines „alten Lebens" plötzlich keine Selbstverständlichkeit
mehr sind: regelmässig Sport machen, länger telefonieren, berufliche
Abendtermine wahrnehmen, ins Kino gehen. Ganz zu schweigen
von Aktivitäten über Nacht. Oft genug fühle ich Ungerechtigkeit.
Warum ich? Dazu das Gefühl, dass diese Phase der partiellen Selbst-
aufgabe nicht enden wird.

Dann aber sehe ich Carina. Als Zwillingsmutter gibt sie ihr altes
Leben während der ersten Wochen und Monate vollständig auf. Sie

arbeitet nicht mehr. Sie ist nur zu Hause, macht überhaupt keinen Sport mehr, dazu fast nur Mittagessen aus der Tiefkühltruhe. Sie hat völlig zerrissene Nächte, wird ständig von den Zwillingen vollgespuckt oder vollgebrüllt. Sie kocht Brei, wäscht und hat nebenbei noch unsere Finanzen im Griff.

Verglichen damit habe ich ein entspanntes, ja fast schon feudales Leben: Ich „darf" arbeiten gehen und habe dort mein Büro, nur Erwachsene um mich herum und viel Ruhe. Ich kann meistens selbstbestimmt handeln und mir meine Zeit fast immer frei einteilen. Über den Mittag liegt schon mal ein Besuch im Schwimmbad drin oder eine entspannte Laufrunde im Wald. Es gibt abwechslungsreiches, gutes Essen in der Mensa meiner Firma. Auf dem Weg zu Kunden komme ich durch das pulsierende Zürich, kann mir mal eine Kugel Eis bei Mövenpick gönnen oder zehn Minuten entspannt am Zürichsee-Ufer mit einem dampfenden Kaffee in der Hand auf den Bus warten.

So gesehen habe ich es als Zwillingsvater schon besser. Aber trotzdem sind die Mütter wieder in einem Punkt im Vorteil: So lange sie zu Hause sind, können sie sich voll auf eine Sache konzentrieren – die Zwillinge. Das ist oft genug Herausforderung und Anstrengung genug. Aber im Grossen und Ganzen liegt der Fokus auf der Familie. Bei den Vätern funktioniert das nicht. Oder zumindest funktioniert es bei mir nicht. Schon während der Schwangerschaft spüre ich diese Zerissenheit zwischen Familie und Beruf. Nicht selten sitze ich an den Wochenenden und abends noch lange am Laptop, während Carina und Lilja schon schlafen. Mit der Geburt der Zwillinge wächst diese Zerrissenheit dann deutlich. Die ersten knapp drei Wochen bin ich zu Hause, doch oft genug sind die Gedanken im Büro, bei meinen Projekten, bei den Kollegen und Kunden. Richtig abzuschalten gelingt mir nicht.

Als ich wieder anfange zu arbeiten, sind die Gedanken dann laufend zu Hause bei der Familie. Ich habe das Glück in einer Firma zu arbeiten, die man wirklich als sehr familienfreundlich bezeichnen kann. Mein Chef macht mir schon während der Schwangerschaft deutlich: „Tillmann, wenn deine Kinder auf der Welt sind, dann hat die Familie Priorität. Du musst sagen, wenn wir etwas für dich tun können." Tatsächlich ist es dann in den ersten Monaten kein Problem, dass ich beispielsweise statt 100 nur noch rund 80 Prozent arbeite. Und trotzdem: Ich habe die Verantwortung für verschiedene Aufgabenbereiche, für ein kleines Team, für meine Kunden. Und diese Verantwortung lässt sich genauso wenig völlig abschalten wie die Verantwortung für die jetzt stark gewachsene Familie. Erschwerend kommt hinzu, dass Pufferzeiten wie die abendlichen Stunden oder an den Wochenenden nicht mehr existieren. Will ich Familie und Job gerecht werden, und das über Wochen und Monate, braucht es Schlaf. Da geht es als Zwillingsvater halt um 21 Uhr ins Bett anstatt an den Rechner.

Das Gute daran: Am Ende ist diese Phase der Zerrissenheit überschaubar. Nach den ersten drei Monaten kommen ganz langsam wieder diese Pufferzeiten, und wenn es nur eine Stunde am Abend ist. Zudem gewöhnt man sich an die erhöhte Taktung und das Gefühl, dass Zeit wohl das kostbarste Gut überhaupt für Zwillingseltern ist. Damit gehe ich sehr sorgfältig um – und weiss es umso mehr zu schätzen, wenn sie mir dann auch mal wieder in grösseren Mengen zur Verfügung steht.

Verglichen mit Michael Jordan und Scottie Pippen sind die ersten Monate als Zwillingseltern wie die „Crunch-Time" in einem wichtigen Spiel. Wir sind müde und mit zunehmender Dauer ausgelaugt. Es gibt immer wieder Momente des Zweifelns, ob wir das alles überhaupt durchhalten, ob wir am Ende gewinnen können. Aber es gibt für uns einfach keine Alternative als weiterzumachen, die Zähne zusammenzubeissen und unseren Job zu machen. Und das ist in meinen Augen einer der ganz wichtigen Punkte, die es als Zwillingseltern zu beachten gilt: Man kann dieses Spiel nur dann ohne bleibende Blessuren gewinnen, wenn beide ihr Bestes geben. Beide müssen anpacken, beide müssen ran. Jeder hat seine Aufgaben. Und wenn beide das geben, was sie geben können, dann schafft man diese Zeit auch irgendwie.

In unserem Bekanntenkreis gibt es ein paar Väter, die es sich sehr leicht gemacht haben, als sie Familien gründeten – beziehungsweise, die sich völlig daneben benahmen, als der Nachwuchs auf der Welt war.

Da ist zum einen D. Sein Verhalten ist noch vergleichsweise harmlos. Mit süffisantem Lächeln lässt er verlauten, er habe nie eine einzige Windel gewechselt, und das bei drei Kindern. Ganz ähnlich verhält sich J. Er antwortet am Tag der Geburt auf die Frage der Krankenschwester, ob sie ihm denn jetzt zeigen solle, wie man wickelt: „Nein, danke." Diese Einstellung hält er mehrere Wochen durch. Härter dann schon der Spruch von F., der seine Partnerin wissen lässt, sie sei es schliesslich gewesen, die sich das Kind gewünscht habe. Da er zudem jetzt das Geld verdiene, sei er auch im Recht, so lange im Bett zu liegen wie er wolle. Auch das Versprechen, Rauchen und Kiffen aufzugeben, hat nach der Geburt ganz schnell keinen Bestand mehr. Oder G., der zwei kleine Kinder hat. Ganz „zufällig" hat er auf der Arbeit immer am frühen Abend plötzlich ganz viele wichtige Aufgaben, die „vollkommen unerwartet" reingekommen und unmöglich zu verschieben sind. Das kommuniziert er zumindest am Telefon seiner Partnerin. Nach dem Auflegen folgen dann entspannte Telefonate mit hochgelegten Beinen oder Updates des Facebook-Profils. Dies ist seine Art, sich vor den harten Stunden vor dem Schlafengehen zu drücken.

Als Zwillingsvater funktioniert all dies nicht. Zumindest dann nicht, wenn man eine Frau hat, die Mutter zu sein nicht als die alleinige Berufung im Leben sieht, wenn nicht ein Dutzend helfende Hände in direkter Nähe wohnen, und wenn man wenigstens einen Hauch von Verantwortung und des Gefühls von Gleichberechtigung hat. De facto haben wir uns das Ganze ja selbst eingebrockt. Also müssen wir beide auch alles geben, damit die Sache läuft.

Damit wir als Paar die harte erste Phase unbeschadet überstehen, gibt es für mich eine ganz wichtige Sache: bloss nicht aufzurechnen. Sobald Eltern anfangen, Buch darüber zu führen, wie oft man jetzt schon Windeln gewechselt, die Spülmaschine ausgeräumt oder den Müll rausgebracht hat, wird es problematisch. Gleiches bei der wenigen Freizeit. Wir kannten ein Paar, wo beide akribisch verfolgt haben, wie oft und wie viele Stunden der jeweils andere in der Freizeit allein unterwegs war. Sie haben sich inzwischen getrennt. Meine These deshalb: Fangen Zwillingseltern damit an, muss es irgendwann schief gehen. Ja, es sind teilweise harte Stunden, Tage und Wochen. Doch so banal es klingt, uns hilft eine Passage aus einem Zwillingsratgeber gewaltig. Dort steht ganz nüchtern und pragmatisch, man solle sich einfach mal überlegen, wie wenige Monate es, gemessen an der Gesamtlebenszeit, schlussendlich sind, die für einen als Zwillingseltern wirklich hart sind. Ergebnis: Es sind verdammt wenige.

Es fällt uns zwar nicht immer leicht, aber tatsächlich versuchen wir, uns dies immer wieder vor Augen zu halten. Vor allem dann, wenn die Undankbarkeit besonders gross wird. Bis zur Geburt von Janina und Annika ist es während der Schwangerschaft unser sehnlichster Wunsch, das Glück zu haben, zwei gesunde Kinder zu bekommen. Genau dieser Wunsch geht am 1. Mai 2013 in Erfüllung. Und wenn wir den Geschichten aus dem Bekanntenkreis lauschen, wo Zwillinge deutlich vor der 30. Woche geholt werden müssen, in den ersten Lebenswochen schon mehrmals operiert werden oder wochenlang auf der Neonatologie liegen, so ist klar: Wir haben wirklich grosses Glück.

Nur ist es dann nicht so einfach, sich dieses Glücks immer wieder bewusst zu werden. Vor allem in den harten Momenten. Wenn ich beispielsweise die halbe Nacht sitzend verbracht habe, da der eine verschnupfte Zwilling anders nicht schlafen kann. Oder wenn ich das Gefühl habe, dass das Kind den ganzen Tag nichts anderes tut, als die mühsam eingefüllte Muttermilch wieder auszuspucken und ich zudem bei 28 Grad von Schweiss verklebt im Zimmer sitze und Sauerstoff knapp ist. Oder wenn ich nach einem harten Arbeitstag nach Hause komme und mir vier heulende Frauen gleichzeitig mit voller Wucht entgegenschlagen. Ja, eigentlich müsste ich genau dann sagen: „Komm, Tillmann, alles egal, das ist nur kurz, das geht vorbei. Wir haben gesunde Kinder, eine gesunde, intakte Familie. Das ist alles nicht so schlimm." Sich das zu vergegenwärtigen wäre der Idealfall. Aber dies auch umzusetzen, das ist eine Kunst, die ich nicht immer beherrsche.

Blicke ich zurück auf die letzten zwölf Monate sowie die 35+4 Wochen davor, so bin ich unterm Strich doch stolz, sagen zu können, dass Carina und ich uns während dieser ganzen Zeit nie richtig streiten. Klar, die Nerven liegen immer wieder mal blank und wir haben durchaus auch Meinungsverschiedenheiten. Aber wir bleiben immer fair und wir sind beide in der Lage, das Ganze einigermassen reflektiert einordnen zu können, wenn der andere sich mal aus der eigenen Sicht „scheisse" benimmt. Dafür gelingt es uns immer für den anderen da zu sein, wenn es einen Zusammenbruch gibt, wenn die Tränen fliessen oder die Hilflosigkeit regiert.

Phasen der Zweisamkeit, als Paar, gibt es im ersten Jahr als Zwillingseltern wenige, sehr wenige. Da gibt es zwar ein paar Spaziergänge von rund 90 Minuten ein paar Wochen nach der Geburt. Da gibt es auch ein Mittag- und ein Abendessen im Herbst bzw. an Weihnachten. Aber das ist es dann auch schon. Unsere Babysitterin, die immer mal wieder auf Lilja aufpasste und die wirklich toll war, signalisierte uns schon direkt nach der Zwillings-Nachricht, dass sie sich dieser Aufgabe nicht gewachsen fühle. Und wenn Besuch kommt, so können wir es diesem nicht mit gutem Gewissen zumuten, dass er zusätzlich zur mittlerweile pflegeleichten Lilja auch noch Annika und Janina ins Bett bringt.

Bei einem Kapitel, das das Verhältnis von Carina und mir als Zwillingseltern beschreibt, stellt sich bestimmt das Gros der Leser auch die Frage wie das so mit dem Sex als Zwillingseltern ist. Nun, ich kann natürlich nur für mich sprechen. Dieses Thema habe ich noch mit keinem anderen Mehrlingsvater diskutiert. Was mich, beziehungsweise was uns betrifft, so ist das ganze Thema sehr schnell abgehandelt: Zu Beginn der Schwangerschaft der mehrwöchige Infekt bei Carina. Dann die wochenlange Übelkeit. Gefolgt von wochenlanger extremer Müdigkeit. Schliesslich der riesige Bauch. Und am Ende das mehrwöchige Verbot nach der Geburt auf das dann die nie zu enden scheinende Müdigkeit, gepaart mit den Folgen von Stillen und der Spagat zwischen Job und Vatersein folgen. Aber ich will hier nicht nur Carina den „Schwarzen Peter" zuschieben. Mein Testosteronspiegel ist in dieser ganzen Zeit vermutlich massiv unterdurchschnittlich. Also, noch Fragen? Carina und ich haben beschlossen, dass 2013 bis zu unserer Pensionierung das Jahr mit dem wenigsten Sex sein wird. Und es wird auch gar nicht schwer sein, dieses Ziel zu erreichen ...

Michael und Scottie haben ihre erste Zwillings-Saison erfolgreich absolviert. Die erste Meisterschaft ist geholt. Die Saison hat Spuren hinterlassen, keine Frage. Und im Gegensatz zu den Spielern der Bulls haben wir jetzt nicht erst mal ein paar Wochen frei, um uns zu erholen und einfach nur das zu tun, worauf wir Lust haben. Aber dafür haben wir die Crunch-Time bestanden, haben Kondition gezeigt und den Willen zum Sieg. Wenn wir mal durchhingen, haben wir uns gegenseitig wieder motiviert und uns angespornt. Und das Wichtigste: Der gegenseitige Respekt vor den Leistungen des anderen ist nie verloren gegangen. Und das haben wir uns auch immer wieder gesagt oder geschrieben. Verloren gegangen ist auch nicht die Bereitschaft, Verantwortung zu übernehmen und wenn immer möglich, dem Anderen Freiräume zu verschaffen. Mit so einer Einstellung kann man gewinnen. Und das tun wir. Und umso mehr feiern wir dann das erste abgeschlossene Jahr unserer Zwillinge.

Und dann liegt der erste Geburtstag der AJs plötzlich hinter uns. Wir sind ein Team, das stärker denn je ist. Carina und ich sind immer noch zusammen. Wir lieben uns weiterhin.

PREDATOR

In den 90er-Jahren gab es bei mir zu Hause regelmässig „Männer-Abende", wo wir Halbwüchsigen uns mit besonderer Vorliebe irgendwelche Action-Streifen auf VHS anschauten. Es war die Zeit, als alle drei Episoden von Rambo längst abgedreht waren und Bruce Willis schon in zwei „Stirb langsam"-Episoden in Feinripp, teilweise barfuss, mit zunehmender Filmdauer dreck- und blutverschmiert und immer mit Kippe im Mundwinkel Terroristen gejagt hatte. Und dann gab es zu dieser Zeit noch einen Streifen, der sich in Sachen Niveau und Munitionsverbrauch der Protagonisten nicht vor den eben genannten cineastischen Highlights verstecken musste: „Predator". Der Plot ist so simpel wie absurd: Arnold Schwarzenegger in der Blüte seiner Muskelberge, „Terminator 1" und „Conan der Barbar" schon lange hinter sich, streift mit einer Handvoll Spezialkräfte der U.S. Army durch den um Tageslicht beraubten Dschungel Südamerikas. Er soll eigentlich einen Sonderauftrag erfüllen und – ganz im Sinne des Kalten Krieges – nebenbei ein paar Geiseln aus den Händen einiger schurkischer, schwer bewaffneter Sowjets befreien. Und dann gibt es da noch dieses Monster aus dem All, Predator genannt, das Arni in die Quere kommt. Das muss er dann, nachdem es keine Sowjets mehr gibt, auch noch stellen und als letzter Überlebender seines Teams am Ende Predator wieder zurück in den Orbit jagen.

Heute, 20 Jahre später, erinnere ich mich kaum noch an den Film – selbst den ungefähren Plot, insofern man bei diesem Film überhaupt davon sprechen kann, muss ich bei Wikipedia nachlesen. Aber eine Szene habe ich aufgrund ihrer Skurrilität und Absurdität nie vergessen. Sie kommt mir vor allem in den ersten Monaten als Zwillingsvater immer wieder in den Sinn: Als Arni noch ein paar Getreue um sich hat, Predator sie aber schon jagt, nimmt einer der Special Forces seine mächtige Mini-Gun und drückt viele, viele Sekunden auf Dauerfeuer. Das dabei entstehende Bleiinferno schneidet eine richtige Schneise in den Urwald. Predator, das Monster, attackiert ebenfalls und verletzt den Soldaten. Der Kämpfer neben dem Mini-Gun-Mann, nicht weniger bemüht, bleihaltigen Ballast in die dunkle Hölle des Dschungels zu versprühen, sieht, dass der mit der Mini-Gun verletzt ist und brüllt: „Achtung, du blutest!" Die Antwort ist für mich bis heute unvergesslich: „Ich habe keine Zeit zu bluten!!!" Eine absurdere und dabei kult-verdächtigere Antwort kann ich mir bis heute nicht vorstellen.

Und was hat die Antwort des Mini-Gun-Mannes mit mir als Zwillingsvater zu tun? Ganz einfach: Für Dinge, für die ich mir bis dahin die Zeit nahm, da ich meinte, sie seien wichtig oder weil sie tatsächlich wichtig waren, ist jetzt auf einmal keine Zeit mehr: mit den Kollegen abends ein Bier trinken gehen, mit Freunden telefonieren, regelmässig Sport treiben, mehr als die Headlines der tagesaktuellen News auf dem Smartphone lesen oder entspannt eine DVD schauen.

Die Liste könnte ich problemlos noch verlängern. Es ist schon ein gehöriger Prozess der Anpassung erforderlich, um zu akzeptieren: Für all diese Dinge, die ich als alltäglich, ja selbstverständlich erachte, habe ich plötzlich keine Zeit mehr. Und das selbst dann nicht, wenn ich zu Hause die Prozesse bestmöglich optimiert habe und beide Eltern ein tolles Team sind. Mag sein, dass es anders gewesen wäre mit Grosseltern im Nachbarhaus, im Nachbardorf. Aber wenn man als Zwillingseltern eines nicht braucht, dann sind es Hypothesen. Sie lassen einen manchmal verzweifeln, wenn es wirklich hart mit dem Nachwuchs ist. Lassen wir das also mit den Spekulationen.

Es gibt noch einen anderen sehr guten Grund, warum dieses Kapitel den Namen „Predator" trägt. Der „Jäger" ist wie gesagt ein Ausserirdischer und damit ein Monster. Und vor allem in den ersten Monaten bekämpfen wir bei unseren Zwillingen eine Vielzahl an Monstern. Entsprechend etablieren sich diese Bezeichnungen auch in unserem alltäglichen Sprachgebrauch. Von besonderer Bedeutung sind drei Monster, auf die ich im Folgenden eingehen werde. Neben ihrem garstigen Wesen zeige ich auch die Wege, wie wir sie schlussendlich besiegen konnten.

Das REFLUX-Monster

Mit dem Reflux-Monster hatten wir schon bei unserer Grossen in den ersten Monaten nach der Geburt zähe Kämpfe geführt. Bei Frühgeborenen ist es nicht ungewöhnlich, dass anfangs der Ringmuskel der Speiseröhre unten am Eingang zum Magen nicht vollständig schliesst und dadurch die Mahlzeiten immer wieder die Röhre raufkommen. Mal nicht ganz bis zum Mund, mal bis zu ihm, mal ganz aus ihm raus. Nach einigen Wochen, wenn sich Magensäure bildet, tut das den kleinen Würmern auch noch richtig weh. Wir Erwachsenen kennen das als Sodbrennen in der Folge von Völlerei oder nach ein bisschen mehr Alkohol als angebracht. Bei Babys kann das Ganze auch für die Eltern ziemlich unangenehm werden. Vor allem wenn man sieht, hört und spürt, dass das Kind nach den Mahlzeiten wirklich Schmerzen hat.

Nachdem wir das alles schon bei Lilja durchgemacht hatten, hoffen wir nach der Geburt unserer Zwillinge inständig, dass dieser Kelch an uns vorbei, beziehungsweise, dass das Reflux-Monster unsere AJs nicht finden würde. Denn spassig ist das wirklich nicht. Tja, wir hoffen umsonst. Das Reflux-Monster kommt. In etwas anderem Gewand als bei Lilja, aber es kommt. Und es bleibt, ziemlich lang sogar.

Nach fünf bis sechs Wochen zeigt sich bei Janina eine spürbare Nervosität und das klassische Aufstossen wird stärker. Noch hoffen wir, dass es „nur" der normale Reflux ist, also nur zu viel Luft, die raus will. Und dass die Säure soweit keine Schmerzen verursacht. Aber das Monster ist listig. Es tarnt sich zunächst noch. Die Symptome sind weniger deutlich als bei Lilja, aber am Ende bleibt das Resultat gleich: schreiendes Kind, kürzere Abstände zwischen den Mahlzeiten, mehr Stillen in der Nacht, müdere Eltern, gestresstere Eltern. Dazu – anders als bei Lilja – über Wochen diese kleinen und grossen Schocks, wenn die AJs aus einem Zustand völliger Teilnahmslosigkeit und vermeintlich zufriedener Entspannung richtig grosse Portionen der frisch getankten Muttermilch ausspucken.

Das Ganze erinnert mich irgendwie an diese „Schlammtöpfe" – das ist tatsächlich der korrekte Begriff –, die ich bei meinen Reisen auf Island beobachten konnte. Dort gibt es zumeist in der Nähe der namentlich besser bekannten Geysire teilweise auch grössere Flächen mit zähflüssigem, heissem Schlamm aus Vulkanasche und anderem Matsch. Durch Wasserdampf, der aus dem Erdinneren kommt, blubbert diese diabolische Mischung ohne klares Muster immer wieder an verschiedenen Stellen. Und dabei fliegen mal kleine, mal grosse Mengen an kochendem Schlamm gern richtig weit in die Luft. Ja, und bei unseren AJs ist das genauso: Völlig unkoordiniert, mal mehr und mal weniger, mal nur aus den Mundwinkeln und mal mit grossem „Flotsch" fast 30 Zentimeter weit, fliegt der Mageninhalt durch die Gegend. Auch von der Ästhetik her sind die Schlammtöpfe und unsere vom Reflux-Monster befallenen Zwillinge durchaus auf Augenhöhe.

Wie gesagt, das Reflux-Monster ist sehr listig und kommt bei uns ziemlich unverhofft, manchmal sogar noch Stunden nach den Mahlzeiten. Und nicht vergessen: Wir haben Zwillinge. Wir kämpfen also gegen ein doppelköpfiges Reflux-Monster.

Die Folge: Teilweise sind Carina und ich nach den Spuckattacken klitschnass, das jeweilige Kind natürlich auch. Obwohl wir fast täglich waschen, herrscht zeitweise sogar Mangel an den mehr als reichlich vorhandenen „Nuschis", den Spucktüchern. Und obwohl wir praktisch alle heiklen Orte bei uns im Haus zu schützen versuchen und unsere Sofas aussehen wie penibel abgedeckte Operationstische, gibt es kaum einen Fleck, wo das doppelköpfige Reflux-

Monster nicht irgendwann seine Spuren hinterlässt. In harten Nächten brauche ich schon mal drei T-Shirts ...

Mit Schaudern erinnern wir uns in den harten Tagen unseres Feldzugs gegen dieses listige Monster immer wieder an unsere alte Wohnung im Nachbardorf, in der wir keine eigene Waschmaschine hatten, sondern – in der Schweiz ja nicht unüblich – nur eine einzige grosse im Keller stand, die sich sechs Parteien mit insgesamt acht Kindern an festen Waschtagen teilen mussten. Da lagerten unsere Nachbarn schon mal vollgekötzelte Kinderbettwäsche über mehrere Tage auf dem Balkon, bis sie dann endlich waschen durften. Unglaublich, damals wie auch heute noch! Eine weitere grosse Maschine hätte zwölf Franken mehr Miete im Monat bedeutet und wir versuchten damals, die anderen Mieter davon zu überzeugen, dass diese zwölf Franken eine lohnende Investition in mehr Lebensqualität seien. Aber wir konnten uns nicht durchsetzen. Das wäre über das Jahr summiert ja ein Abendessen im mittelklassigen Restaurant einschliesslich mittelklassigem Wein gewesen. Dann doch lieber die ganze Woche über vollgespuckte Wäsche auslagern, so die Devise unserer Nachbarn.

Aber gut, das ist eine andere Geschichte, wie sie fast jeder Mieter in einem Schweizer Mehrfamilienhaus erzählen kann. Aber wäre diese eine Waschmaschine bei dem ausgeprägten Wüten unseres doppelköpfigen Reflux-Monsters bei gleich zwei Kindern noch der Status quo gewesen, so bin ich mir sicher: War der Waschplan schon damals ohne solch ein Monster oft genug Grund für nervige bis hitzige Diskussionen; mit unserem jetzt teilweise sehr dünnen Nervenkostüm wäre das Ganze ganz, ganz sicher irgendwann eskaliert ...

Wie wir das Reflux-Monster besiegen

Schon von Lilja wussten wir: Die meisten Waffen gegen das Reflux-Monster sind zumindest stumpf oder vollkommen wirkungslos. Einzig die Zeit vertreibt das Monster vollends. Bei den meisten ist ein Sieg zu vermelden, wenn der erste Brei eingeführt wird. Denn der ist dicker als Milch und lässt sich nicht so einfach wieder nach oben katapultieren. Aber es gibt doch immerhin die statistischen fünf Prozent der Kinder, bei denen sich das Monster ein ganzes Jahr lang einnistet. Fünf Prozent – im Vergleich zu den drei Promille Wahrscheinlichkeit für eineiige Zwillinge eine verdammt grosse Zahl. Die Vorstellung, ein Jahr lang dieses doppelköpfige Monster bekämpfen zu müssen, ist aufgrund der Erfahrungen mit unserer Grossen so erschreckend, dass wir aus Selbstschutz diese Option ganz einfach mal kategorisch ausschliessen und uns damit tatsächlich zwar ziemlich naiv, aber doch sehr wirkungsvoll schützen.

Aber auch wenn man das listige Reflux-Monster nicht mit käuflichen Anti-Monster-Tools verjagen kann, so haben wir doch verschiedene Möglichkeiten gefunden, um die Schäden gering zu halten. Der erste Tipp: Kinder aufrecht halten. Also ist so fast alles bei uns zu Hause schräg, nachdem klar ist, dass es sich um das Reflux-Monster handelt: Betten, Gitterställe, Wickelunterlagen, Kinderwagen. Da das Monster zudem immer und überall zuschlagen kann, passen wir unsere Logistik an und verteilen überall im Haus strategisch und günstig positioniert Spucktücher. Und dann gibt es noch die vom Kinderarzt verschriebene Wunderwaffe: Nexium. Kein „silver bullet", um das Monster zu töten, aber immerhin sorgt dieses Medikament dafür, dass keine Magensäure mehr gebildet wird und unsere Kinder nach rund zwei Wochen Therapie keine Schmerzen mehr haben. Mit dem Resultat, dass sie insgesamt ruhiger sind.

Und schlussendlich wird man als Elternteil ganz einfach abgebrühter und lernt bei der ganzen, nicht enden wollenden Spuckerei leiden ohne zu klagen. Schockt einen am Anfang schon ein kleiner Spucker, so führen am Ende auch ganze Schwälle nur zu einer raschen Lagebeurteilung, ob irgendetwas getroffen ist, das nachhaltig Schaden nehmen könnte – die Filz-Couch, ein Handy, die Stereoanlage oder ein Fotoapparat. Ist dies nicht der Fall, beseitigen erfahrene Monster-Jäger die kleinen Seen umgehend, legen das Kind trocken, wechseln die eigenen Klamotten und hoffen, dass das listige Monster so siegestrunken ist, dass es jetzt für längere Zeit erst einmal genug hat.

Wir haben Glück. Wir gehören nicht zu den fünf Prozent. Nach fünf Monaten kommt das Monster seltener und schlägt weniger hart zu. Und mit den zunehmenden Breimahlzeiten ist dann der ganze

Spuk nach rund sieben Monaten völlig vorbei. Ganz nebenbei: Es ist wie mit irgendwelchen Beschwerden oder Schmerzen. Treten sie auf, merkt man das sofort. Sind sie weg, merkt man das meist nur mit einer zeitlichen Verzögerung. So ist es auch bei uns. So richtig bekommen wir unseren Sieg gar nicht mit. Irgendwann fällt uns auf, dass wir in der Wäsche eigentlich keine Nuschis mehr haben. Und ich brauche nun nachts definitiv nur noch ein T-Shirt und der OP-Tisch-Style regiert nicht mehr unser Wohn- und Esszimmer. Wir haben gewonnen! Es war tatsächlich ein „schmutziger Kampf". Aber er hat sich gelohnt. Denn ohne das Reflux-Monster ist unser Leben mit den Zwillingen doch deutlich einfacher – und auch die beiden Kleinen haben nun sichtlich mehr Spass an ihrem Leben.

Doch es dauert nicht lange, bis wir merken, dass wir uns nicht zu sehr in falscher Sicherheit wägen sollten. Ja, das Reflux-Monster der ersten Wochen und Monate haben wir besiegt. Und doch ist es bei uns wie in einem schlechten Horror-Film, wenn der Alien besiegt scheint und regungslos im Staub liegt. Alle wischen sich schon siegesgewiss Schweiss und Blut von der Stirn. Aber dann flackert noch mal ein rotes Auge auf, eine Kralle wird blitzartig ausgefahren und der Alien vernascht drei, vier Menschlein. Ähnlich ist es auch bei uns. Trotz des Sieges über das doppelköpfige Reflux-Monster bleibt die Region Mundhöhle/Rachen bis runter zum Magen bei unseren AJs sehr empfindlich. Und kommt es zu der ungünstigen Konstellation, dass eine der beiden sehr gut gegessen hat und dann entweder mit einem Spielzeug, einem Brotkanten oder einem Mohr-rüben-Schnitz zu weit im Mund nach hinten kommt, ja, dann kommt so etwas wie ein „End-Monster". Dann hämmert der kleine Zwerg schon mal den gesamten Mageninhalt raus. Besonders gern passiert uns das übrigens, wenn Carina abends zum Yoga gehen will und es sich um den einzigen Tag in der Woche handelt, wo wir abends Zeitdruck haben.

Beim ersten Mal ist unser Puls gleich bei 180 und wir befreien das spuckende Kind rasend schnell aus seinem Trip-Trap-Aufsatz, um es hochzuheben und uns dabei ebenfalls von oben bis unten mit Brei zu beschmieren. Zudem fürchten wir kleinen Hypochonder gleich einen fiesen Noro-Virus. Oder wir haben Sorge, es würde eine hungerbedingte Horror-Nacht folgen, sodass wir uns mit jeglichem Equipment rüsten, um mitternächtlichen Brei oder eine Milch anzurühren. Aber der vom Reflux-End-Monster befallene AJ steckt diese Spuckattacken immer bestens weg, die Nachtruhe ist zumindest nicht zusätzlich beeinträchtigt und alles ist gut. Und meistens lacht der AJ kurze Zeit darauf schon wieder – vermutlich weil die kleine Dame vor sich einen von oben bis unten mit Brei verschmiertes Elternteil sieht. Vermutlich würde mich das auch masslos belustigen.

Das SCHLAFENTZUGS-Monster

Auf jeder zweiten Glückwunsch-Karte, die Carina und ich in den ersten Wochen nach der Geburt von Annika und Janina erhalten, steht ungefähr folgender Satz: „Zwillinge bedeuten viel Arbeit, wenig Schlaf und doppelt so viel Freude." Das mit der Freude dauert bei uns aufgrund des besagten „Schocks" nach dem entscheidenden Ultraschall bei der Gynäkologin wie gesagt noch eine Weile. Aber dann kommt sie. Sanft und leise, aber nachhaltig wirkend. Das mit der Arbeit beginnt schon vor der Geburt und nimmt dann kontinuierlich zu, um sich in dem Moment zu stabilisieren, in dem wir als Familie so etwas wie Routine entwickeln. Und das mit dem wenigen Schlaf gibt es für Carina ab dem Moment der Geburt. Mich trifft es mit fünf Tagen Verzögerung, als Carina mit den Zwillingen aus dem Spital kommt.

Vor der Geburt unserer AJs erhalte ich immer wieder den gut gemeinten Tipp: „Schlaf dich noch mal aus, geniess noch mal die Nächte ohne Unterbrechung." Ja, eigentlich haben sie ja alle recht, doch umsetzen kann ich diesen gut gemeinten Rat nicht. Zum einen durch die berufliche Belastung in den Wochen vor der Geburt, die es erfordert, auch abends und teilweise bis weit in die Nacht hinein zu arbeiten. Zum anderen denke ich mir an Abenden, an denen ich früh ins Bett gehen könnte, oft genug: „Die paar Stunden mehr oder weniger, die machen es doch auch nicht. Nutze ich die Zeit doch noch für mich." Also wird es an den Wochenenden oft genug nach

Mitternacht. Und mit dem Wissen, dass unsere Grosse eine ganz tolle Durchschläferin ist, bleibt das Risiko, mit dem Einzug unserer Zwillinge nur noch Teilzeit schlafen zu können, aus meiner Sicht durchaus kalkulierbar.

In den Tagen als Carina mit den AJs im Spital ist, geniesse ich es noch mal so richtig, morgens ein wenig im Bett meinen Gedanken nachzuhängen. Ich meine in dieser Zeit durch die ersten Wochen und Monate mit Lilja vier Jahre zuvor durchaus noch zu wissen, was da in punkto Schlafdefizit auf mich zukommen könnte. Doch, ganz ehrlich, das ist im Rückblick ganz einfach naiv. Richtig schön naiv.

Damals, 2009, hatte ich zwar durchaus auch nachts eine Rolle, vor allem dann, wenn Lilja in den ersten Wochen ihre nächtlichen Wachphasen hatte. Aber meist habe ich nur das Kind zum Stillen geholt und bin dann umgehend wieder eingeschlafen. Was sollte ich beim Stillen eines Kindes auch gross wach bleiben? Mein „Job" bestand primär darin, früh morgens aufzustehen und vor allem im Sommer mit dem Kinderwagen in Wald und Flur die Zeit zwischen fünf und sieben Uhr zu überbrücken. Ich schlief während einiger Wochen im Gästezimmer und schaute einfach, dass ich mich morgens möglichst leise auf den Weg zur Arbeit machen konnte, ohne meine beiden Damen zu stören. Ja, müde war ich damals immer wieder. Das weiss ich noch. Aber rückblickend muss ich sagen, dass der Kampf mit dem Schlafentzugs-Monster für mich damals wirklich eine doch eher sanfte Auseinandersetzung war. Das Monster war bei Lilja eher ein „Monsterlein", eines das man sich in dem Moment, wenn es besiegt ist, als nette Trophäe auf die Fensterbank stellt und bei dessen Anblick man rückwirkend ein wenig lächeln muss.

Das Schlafdefizit, das ich in den ersten Monaten mit Lilja einfuhr, war ein kuschelig-verträumtes Leben auf dem Ponyhof, verglichen mit dem, was das erste Jahr mit unseren AJs für mich so bringt.

Um es gleich vorweg zu nehmen: Bei unseren Zwillingen haben wir es mit einem ausgewachsenen Schlafentzugs-Monster zu tun. Ein Monster, das lästig ist wie eine Schmeissfliege, die wir nicht abschütteln können. Eines, das wir versuchen zu ignorieren oder zumindest uns mit ihm zu arrangieren, aber das uns dann doch immer wieder dazu bringt, die Contenance oder gar ganz die Nerven zu verlieren und uns masslos aufzuregen. Zu fluchen. Ins Kissen zu boxen. Zu heulen. Und vor allem ist es ein Monster, das Carina und mich zeitweise wirklich schwer in den Schwitzkasten nimmt.

Unfair ist bei diesem Kampf mit dem Schlafentzugs-Monster vor allem, dass die ganzen Tipps und Tricks aus den flauschigen Einlings-Tagen bei Zwillingen ganz einfach nicht mehr funktionieren. So beispielsweise dieser: „Nutze tagsüber jede freie Minute, um zu schlafen. Sobald das Kind schläft, so schlafe du auch." Gelächter! Ja, mit einem Kind ist das vielleicht noch möglich. Das geht dann ganz einfach: Kind macht Augen zu, Eltern machen Augen zu – theoretisch zumindest so lange, bis das Kind die Augen wieder auf macht. Doch mit zwei Kindern funktioniert das in 99 Prozent der Fälle nicht mehr – zumindest mit unseren Zwillingen nicht. Ursprünglich hatte ich ja mal die Hoffnung, dass eineiige Zwillinge von Geburt an auch immer schön gleichzeitig schlafen. Denn wenn schon die DNA gleich ist, dann muss doch auch das Schlafbedürfnis identisch sein! So ist zumindest meine Überlegung. Zugegeben, auch hier bin ich wieder ganz schön naiv. Doch es bleibt mir immer noch das Prinzip Hoffnung.

De facto schlafen Janina und Annika in den ersten Monaten tagsüber eigentlich nie gemeinsam. Und manchmal haben wir sogar das Gefühl, die beiden wollen uns ein wenig ärgern. Denn oft genug „geben sie sich die Klinke in die Hand". Und das ist gerade dann besonders unfair, wenn ich mit viel Aufwand das erste Kind und dann nach schier endlos erscheinenden Minuten auch das zweite Kind zum Schlafen gebracht und ich es mir gerade auf der Couch bequem gemacht habe, um selbst eine Mütze voll Schlaf zu nehmen. Es gibt genug Fälle, wo es keine fünf Minuten dauert, bis Kind Nummer 1 meint wieder wach werden zu müssen. Und das bedeutet, dass ich an Schlaf gar nicht mehr zu denken brauche. Man kann sich vielleicht vorstellen, wie unglaublich motiviert und gut gelaunt ich nun Kind Nummer 1 bespaße, wenn gerade die Hoffnung nach dieser Mütze voll Schlaf gnadenlos zerfetzt wurde. Und ich darf ja nicht einmal fluchen. Zumindest nicht laut. Ich könnte ja damit Kind Nummer 2 wecken ...

Oder ein anderer Trick, der bei einem Kind bestens funktioniert: in den Arm nehmen und so lange wiegen und schaukeln bis es schläft. Ich glaube, ich muss gar nicht so viel schreiben. Es erklärt sich eigentlich von selbst: Es ist schlicht und einfach nicht möglich, zwei Kinder gleichzeitig auf den Arm zu nehmen und zu beruhigen. Selbst für mich als langarmigen Zwillingsvater mit – wie sagten sie in der Schule so nett – Händen so gross wie Klodeckeln. Zwei Kinder auf dem Arm, das geht nur im Sitzen oder in den ersten Wochen auch für ein paar Minuten im Stehen, wenn ich fürs Fotoalbum posieren muss. Das Ganze ist zudem nicht nur für den Vater, sondern auch für die Kinder ganz schnell ziemlich unbequem. Und das lassen sie einen dann ganz, ganz laut wissen.

Unser persönliches Schlafentzugs-Monster ist genau wie das Reflux-Monster richtig listig. Denn zum einen spüren wir es in den ersten Wochen nicht so richtig. Ja, wir schlafen ab Geburt der Zwillinge wenig. Doch der nächtliche „grosse Service", zu dem Stillen und Wickeln gehören und der bei uns anfangs rund eineinhalb Stunden dauert, ist zumindest für mich zu dieser Zeit von einem besonderen Gefühl geprägt. Einem Gefühl, das ich früher bei den Pfadfindern hatte, als wir während unserer Zeltlager draussen am Lagerfeuer zu viert jeweils für zwei Stunden Nachtwache schieben mussten. Ein Gefühl von Teamgeist, ein Gefühl der Aufregung, ein Gefühl, etwas Besonderes zu erleben, was nur die teilen können, die auch mit dabei sind. Und das Gefühl, für andere da zu sein und dafür zu sorgen, dass die anderen selig und unbeschwert schlafen können.

Und da unsere AJs nach jedem grossen Service sofort wieder einschlafen, sind die Schlaffragmente in dieser Zeit noch vergleichsweise gross. Auch wenn wir damals schon das Gefühl haben, es seien „harte Nächte". Doch verglichen mit dem, was ein paar Monate später kommt, ist es zu dieser Zeit wirklich noch ein Leben auf dem Ponyhof.

Es kommen zudem besondere Erlebnisse dazu. So beispielsweise die Nacht vor dem Vatertag (Christi Himmelfahrt/Auffahrt). Dort ist unser Freund Res, der schon in der Nacht der Geburt für uns im Einsatz ist, unterwegs beim „Rigi-Marsch". Das ist eine Langstrecken-Wanderung über 55 km vom Kanton Aargau hin zum Berg Rigi in der Zentralschweiz. Entsprechend läuft er die ganze Nacht durch. Und immer wenn wir für den grossen Service bei den AJs wach sind, melden wir uns via WhatsApp bei ihm – und bekommen sofort Antwort. So können wir ihn immer wissen lassen, wie sein Patenkind Janina getrunken hat.

Daraus werden Stunden, die ich wohl nie vergessen werde: Es ist mitten in der Nacht, ich habe das Gefühl, die ganze Welt schläft. Und doch bin ich alles andere als allein. Klar, Carina und die Kids sind direkt neben mir. Aber dort draussen läuft ein guter Freund durch die Nacht und nimmt Anteil an unseren Still- und Wickeleinsätzen. Ein unvergleichliches Gefühl.

Solche Ereignisse führen dazu, dass ich unser Schlafentzugs-Monster zu Beginn eher als sportlichen Sparringspartner, ja, sogar als nette Herausforderung sehe. Ich bin zu diesem Zeitpunkt ohne jedes Gespür, dass uns dieses fiese Wesen dann doch von Tag zu Tag mehr zusetzen wird.

Unser Schlafentzugs-Monster ist auch deswegen fies, da es mich nach einigen Wochen in Sicherheit wiegt. Sechs bis sieben Wochen nach der Geburt kann ich es kaum glauben: Die AJs schlafen in einigen Nächten mehr als vier, in einer Nacht sogar sechs Stunden ohne Unterbrechung. Nicht der kleinste Ton kommt aus ihrem Bett. Ich kann mich noch genau an die Gedanken erinnern, die mir damals durch den Kopf gehen: „Hey, wir sind Glückskinder. Unsere Kids schlafen ganz schnell durch. Unsere Energiespeicher werden nicht leer – zumindest nicht aufgrund von Schlafentzug."

Tja, auch hier rückblickend die Erkenntnis: Was bin ich naiv! Hätte ich doch von Lilja wissen müssen, dass es auch beim Schlaf immer gute und schlechte Phasen gibt – und Ausnahmen. Carina hat da den besseren Überblick und lässt sich nicht von euphorischen Gefühlen einlullen. Sie weiss noch sehr gut, wie lange es bei Lilja dauerte, bis wir dann endlich wirklich gute Nächte hatten. Sie ist sich bewusst, dass wir in der ersten Zeit als Zwillingseltern mit dem Schlaf der AJs ganz einfach Glück haben.

Ich will das nicht wahrhaben. Ich bin wie gesagt voll euphorischem Optimismus und verkünde im Büro überschwänglich, dass jetzt bessere Zeiten anbrechen. Ja, Optimismus und Naivität liegen ganz oft dicht beieinander. Die sechs Stunden sind und bleiben eine Ausnahme! Und zwar für ziemlich lange, sogar sehr, sehr lange Zeit.

Es folgen Wochen mit höchstens drei Stunden Schlaf am Stück, wiederum gefolgt von weiteren Wochen, in denen Carina zum Teil nicht mehr als eineinhalb Stunden schläft und auch ich regelmässig das habe, was man dann wohl eine „stark fragmentierte Nacht" nennen kann. An den Tagen nach solchen Nächten bin ich immer in einer schwierigen Situation, wenn ich im Büro sitze. Wenn ich mir vorstelle, wie Carina gerade mit den AJs zu Hause sitzt und sie solche Tage, an denen das Wetter es nicht zulässt, nach draussen zu gehen, wie zähes Kaugummi beschreibt, dann bin ich schon irgendwie froh. Froh unser zu Hause zurücklassen zu können, mich mit Erwachsenen zu umgeben, mir meinen Tag selbst einteilen zu können und ab und zu einfach auch mal aus dem Fenster zu schauen und nichts zu tun. Oder sogar mein „Surival-Kit" zu zücken und mich mit kleinem Kissen und Therm-A-Rest-Matte für eine Viertelstunde auf den Fussboden meines Büros zu legen.

Auf der anderen Seite ist auch mein Schreibtischjob nicht ohne. Wenn ich wenig, ja sogar viel zu wenig geschlafen habe, dann fallen auch Arbeiten am Computer sehr schwer. Dann verschwimmen Excel-Listen, schwierige Text-Abschnitte muss ich viele Male lesen, um ihren Sinn zu begreifen, und E-Mails unbedingt mehrfach überprüfen, bevor ich sie versende. Und ich muss in Sitzungen gegen den Schliessreflex meiner Augen kämpfen, immer in der Hoffnung, dass die anderen Sitzungsteilnehmer diese plötzlichen Momente des Wegsackens nicht bemerken – was sie aber eh tun. Doch egal ob Arbeitskollegen oder Kunden, sie haben eigentlich immer Verständnis, oder besser gesagt: Mitleid.

Nach halb- oder ganztätigen Workshops, die ich moderiere, habe ich das Gefühl, die Erdanziehung habe sich plötzlich verzehnfacht. Entsprechend sacke ich im Zug in meinem Sitz zusammen und bin nur noch in der Lage, stumpf und geistesabwesend den „Blick am Abend", eine Gratis-Zeitung von sehr, sehr bescheidenem Niveau, zu lesen. Komme ich abends nach Hause, würde ich mich eigentlich gern bedauern und verwöhnen lassen. Ich hatte ja einen ach so harten Tag. Aber das kann ich beides vergessen. Es gibt kein Mitleid für ausgeprägte Müdigkeit. Und wenn ich mir vorstelle, ich müsste vollkommen übermüdet den ganzen Tag mit zwei bis drei Kindern zu Hause sein, dann habe ich sogar volles Verständnis dafür. Zumindest rückblickend habe ich jetzt Verständnis. Im jeweiligen Moment ist es schon hart, mich nicht einfach etwas gehen lassen und nach einem anstrengenden Arbeitstag ein wenig zurückziehen zu können.

Unser Schlafentzugs-Monster bleibt hartnäckig. Nach vier Monaten mit einigermassen ordentlichen Nächten, in denen ich immer mal wieder nicht gebraucht werde und Carina jeglichen nächtlichen Service allein managt, befinden wir uns ab Oktober in einer sanften aber kontinuierlichen Abwärtsspirale. Ein nahezu pausenloser Kampf mit dem Schlafentzugs-Monster hat begonnen. Es geht damit los, dass Janina regelmässig ab drei Uhr morgens unruhig wird und wir alle Mühe haben, sie wieder zu beruhigen. Zum Glück haben wir genug Zimmer zu Hause und können uns aufteilen: Einer von uns Eltern „bespasst" oder beruhigt das wache Kind, der andere versucht mit Kind Nummer 2 noch ein wenig Schlaf zu erwischen.

Gegen Ende des sechsten Monats beginnt die Unruhephase bei Janina dann aber schon gegen 22:30 Uhr und zieht sich durch die ganze Nacht. Wir kommen auf bis zu 13x Aufstehen pro Nacht und Kind, dazu die Stunden, wo dann mindestens ein Kind bei uns im Bett liegt. Diese Phase trifft zeitlich zusammen mit der Zeit, wo es bei mir von der beruflichen Belastung her wieder spürbar anzieht und ich im Normalfall um 6:00 Uhr morgens aufstehe. Ja, da geht der Akku langsam aber sicher von Gelb auf Rot und fängt irgendwann an zu blinken. In meinem Notizbuch finde ich folgende Aufzeichnung: „Grounding, Tiefpunkt, Katastrophe. Die fünfte oder sechste Horrornacht in Folge. Fand Carina heute Morgen um 6:30 Uhr heulend auf der Couch. Es fallen jetzt Ausdrücke wie ‚Monster' und ‚umtauschen' oder ‚abgeben'." Ich glaube weitere Ausführungen sind nicht notwendig, um zu beschreiben wie wir uns in dieser Zeit fühlen.

Dazu gesellen sich Momente echter Ratlosigkeit. Ein Beispiel für eine nicht untypische Nacht: Es ist 23:30 Uhr, beide Zwillinge haben definitiv keinen Hunger, wollen keinen Nuggi, sind extrem unruhig und lassen sich einfach nicht beruhigen. Carina und ich stehen im Halbdunkel des Zwillingszimmers, schauen uns an und müssen uns eingestehen: Wir wissen nicht mehr weiter. Kein schönes Gefühl, das kann ich sagen. Diese Anflüge echter Verzweiflung, wenn alle Massnahmen nicht greifen, die kannten wir bislang noch nicht. Aber gut, auch diese Nächte gehen vorbei. Irgendwann fällt fahles Licht durch die Fenster und wir können sagen: Wieder eine Nacht geschafft. Aber wir sind uns in Anlehnung an eine alte Fussballer-Weisheit auch bewusst: Nach der Nacht ist vor der Nacht!

In solch harten Zeiten gibt es aber auch Aufheller. Zum Beispiel als Lilja ihre „Zauberkräfte" einsetzt. So nimmt sie eines Abends ihren „Zauberstab", einen abgebrochenen Plastikrührlöffel mit Mickey-Mouse-Konterfei, und zaubert den AJs einen guten Schlaf. O.k., das Ganze wirkt zwar leider nicht, aber Carina und ich haben in solchen Momenten dann wenigstens ein Lächeln im Gesicht.

Als Annika und Janina im achten Monat immer noch nicht durchschlafen, ertappe ich mich häufiger bei einem Gefühl sowie einem Gedanken. Zum einen dem Gefühl, ganz einfach keine Lust mehr auf diese chronisch gestörten Nächte zu haben. Bei der ganzen Aufsteherei fluche ich innerlich immer häufiger und verwünsche unsere Zwillinge mehr und mehr. Es ist eine echte Paranoia, die sich hier langsam einschleicht. Die Tatsache, dass wir uns abends mit dem Gefühl „Es kann nur eine beschissene Nacht werden!" ins Bett legen und wie auf Wache nur darauf warten, geweckt zu werden, gefällt mir ganz und gar nicht.

Immer häufiger spiele ich mit dem Gedanken, auf Carina verstärkt Druck auszuüben, damit wir zur „Brute-Force-Methode" greifen und – wie zum Teil empfohlen – die AJs mal drei Nächte einfach durchbrüllen lassen. Bei den Zwillingen meiner Schwester hat es geholfen. Aber irgendwie haben wir zu dem Zeitpunkt nicht den Mut, die Sache durchzuziehen. Zum einen ist die Hoffnung noch nicht gestorben, dass die AJs doch noch von allein zu guten Schläfern werden. Zum anderen haben wir einfach einen Höllen-Respekt vor mehreren Katastrophennächten am Stück. Und schliesslich erinnern wir uns gern an unsere Grosse. Die war die ersten neun Monate nachts auch ein kleiner Drachen. Danach wurde aus dem Drachen innerhalb weniger Wochen ein Lämmchen und Lilja schläft nun seit über vier Jahren durch. Sie hat seitdem weder Einschlaf- noch Durchschlafprobleme. Sie wacht nachts nie auf und es gab in ihrem ganzen Leben noch keine einzige Nacht, die sie bei uns im Bett verbrachte. Ungelogen! Im ganzen Freundes- und Bekanntenkreis war und ist sie damit bei Weitem der am besten schlafende Nachwuchs. Und genau darauf hoffen wir inständig in der Adventszeit 2013. Nervlich sind wir eigentlich soweit, jetzt Härte zu zeigen. Aber wir haben ganz einfach Sorge, dass sich diese „Rosskur" so negativ auf die AJs auswirkt, dass sie dann monate- und vielleicht sogar jahrelang schlechte Schläfer bleiben.

Neben dem Gefühl der wachsenden Lustlosigkeit auf ein Leben, das einen Nacht für Nacht Unmengen an Nerven und Kraft kostet, schleicht sich zu dieser Zeit immer häufiger ein Gedanke bei mir ein. Der Gedanke an ein grosses Abenteuer, das rund 15 Jahre zurückliegt. Im Sommer 1999 war ich mit der Jugend des Deutschen Alpenvereins auf einer Expedition auf Spitzbergen. Rund zwei Monate waren wir auf der norwegisch-russischen Insel-gruppe weit nördlich des Polarkreises unterwegs und zogen auf den Spuren einer deutschen Expedition von Anfang des 20. Jahrhunderts unsere Schlitten über Schnee und Eis. Wir hatten damals insgesamt recht viel Glück mit dem Wetter, aber ab und an gab es sogenanntes „white out". Das ist Nebel bzw. leichter Schneefall, der zusammen mit dem Eis unter einem verschmilzt und optisch zu einer weissen Wand wird, bei der man nicht mehr weiss, wohin man läuft; manchmal verliert man sogar das Gleichgewicht. Oder wir hatten Sturm. In beiden Fällen blieb uns nichts anderes übrig, als im Zelt zu liegen und zu warten. Und dieses Warten bestand neben Kochen, Materialpflege, Lesen und Quatschen vor allem aus einem: Schlafen. Und zwar in Mengen, wie ich es im Verhältnis von Schlafenszeit zur Dauer eines Tages seitdem nie mehr erlebt habe: Zehn Stunden am Stück waren nach zehn Stunden Ziehen eines rund 100 kg schweren Schlittens kein Problem. Dann etwas essen und wieder schlafen, nun vielleicht zwei oder drei Stunden am Stück. Danach mal kurz raus, Beine vertreten und mit der Zeltbesatzung nebenan reden. Und wieder ein kleines Schläfchen von vielleicht zwei Stunden. Hielt das schlechte Wetter lang genug an, hockten wir schon mal zwei oder drei ganze Tage im Zelt. Und haben geschlafen, geschlafen, gedöst und nochmals geschlafen. So sehr, dass wir uns dann nichts Schöneres mehr vorstellen konnten, als die nächste Nacht durchzumachen und einfach viele, viele Stunden etwas anderes zu machen als zu schlafen.

Ja, ganz ehrlich, mit meiner andauernden Rolle als Teilzeitschläfer ertappe ich mich immer häufiger, wie ich in Gedanken dort oben im eisigen Norden in meinem kuscheligen Daunenschlafsack liege und nichts anderes mache als meinen Gedanken nachzuhängen, bis mich wieder der Schlaf übermannt. Kein Gebrüll, keine Hilflosigkeit, keine Tränen, keine Augenringe. Nur der perfekte Frieden im Dreieck Mensch, Zelt und Natur.

Aber gut. Es hilft nicht solchen Fiktionen zu erliegen und irgendwelchen Wunschvorstellungen hinterher zu trauern. Aber immerhin: Diese Träumereien helfen mir dabei, den Glauben daran nicht zu verlieren, dass es auch anders geht. Dass ich irgendwann tatsächlich wieder am Stück schlafen kann, dass es für mich irgendwann auch wieder ein Leben als Vollzeitschläfer gibt.

Einen ersten wohligen Hauch von Durchschlafen verspüren wir Anfang 2013 nach über acht Monaten als Zwillingseltern. Nachdem die Weihnachtstage schlaftechnisch noch recht unlustig daher kommen, da Zwillinge und Vater wieder einmal erkältet sind, fällt zum Jahreswechsel die Entscheidung, dass wir jetzt mit gutem Gewissen die Kinder brüllen lassen können. Operation „3, 5, 7" beginnt. Annika und Janina sind zu dieser Zeit beste Esserinnen und bunkern tagsüber reichlich Energie. Sie sind gesund und munter und sie haben neue, grössere Nuggis, die sie besser im Mund halten können. Zudem trinken sie zu diesem Zeitpunkt nur noch einmal pro Nacht an Carinas Brust und das auch nur sehr kurz. Und das Wichtigste: Wir sind mental bereit. In der Nacht vom 30. auf den 31. Dezember kassieren die AJs, als sie uns wieder einmal fast wahnsinnig machen mit ihren nächtlichen Wachphasen, von beiden Eltern nacheinander einen ordentlichen Anschiss. Und, oh Wunder, sie scheinen mit ihren acht Monaten zu verstehen, dass jetzt Schluss

mit lustig ist. In der Neujahrsnacht läuft dann „Operation 3, 5, 7"
an. In ihren Wachphasen lassen wir die Kids erst drei, dann fünf und
anschliessend sieben Minuten brüllen. Und es klappt. Sie finden in
den Schlaf zurück. In der Nacht auf den 2. Januar stillt Carina das
letzte Mal. Am Tag danach trinkt sie Unmengen an Pfefferminztee,
um die Milchproduktion abzustellen. Es folgt die erste Nacht für
die AJs ganz ohne Nahrungsaufnahme. Annika macht das prima, sie
schläft durch, beziehungsweise so lange, bis sie von ihrer Schwester,
die noch keine Lust hat, ohne Brust auszukommen, aus dem Schlaf
gebrüllt wird. Aber auch wenn wir zwei Stunden brauchen, um
Janina wieder zum Schlafen zu bringen: Wir sind auf gutem Weg.
Und das gibt Energie, viel, viel Energie.

Doch wie singt Xavier Naidoo in einer seiner Balladen: „Dieser
Weg wird nicht einfach sein, dieser Weg wird steinig und schwer."
Nach diesem Hauch von Frühling zur Jahreswende fallen wir schon
bald wieder in frostige Zeiten zurück. Auch wenn die AJs nachts seit
dieser Zeit nichts mehr trinken, so halten sie uns weiterhin auf Trab.
Aber immerhin, es ist kein Vergleich mehr zu den ersten Monaten
und in uns steigt die Zuversicht, dass es besser wird. Aber eben, es
bleibt steinig. Manchmal auch sehr steinig. Und wenn die Zwillinge
krank sind, dann liegen uns vor allem in den Nächten richtige Fels-
brocken im Weg.

Wie wir das Schlafentzugs-Monster besiegen

Am 8. April 2014 ist es soweit: Wir schlafen durch. Carina und
ich liegen siebeneinhalb Stunden ohne Störung im Bett. Am Morgen
können wir es kaum glauben. Wahnsinn! Und in der nächsten
Nacht schlafen wir gleich noch einmal durch. Es sind Tage voll
euphorischer Glücksgefühle. Im Büro schwebe ich über die Flure
und mache noch mehr dumme Sprüche als sonst. Abends will ich
schon gar nicht mehr ins Bett. Wow, bis 23:00 Uhr wachbleiben
ohne am nächsten Morgen völlig am Ende zu sein! Bei Carina spüre
ich einmal mehr stärkere Bodenhaftung. Sie bemerkt trocken, dass
sie das letzte Mal am 29. April 2013 durchgeschlafen habe. So ganz
will sie dem neuen „Durchschlaf-Zeitalter" noch nicht trauen.
Es gibt ab dann zwar immer wieder Nächte, in denen wir Einsätze

haben, aber zumeist muss nur einer von uns ran und oftmals ist es nur ein Nuggi, der aus dem Mund gefallen ist und nicht mehr gefunden wird. Und nach all den vielen „Nächten des Grauens" in den Monaten zuvor haben solche Einsätze ja fast schon einen Wellness-Charakter.

Das menschliche Gehirn verklärt ja gern unschöne Ereignisse oder Erfahrungen. Und man passt sich neuen Zuständen ganz schnell an. Schon Ende April ertappen wir uns dabei, uns schon bei mehr als zwei nächtlichen Störungen am nächsten Morgen „total erschlagen" zu fühlen und über Müdigkeit zu jammern. Aber zum Glück gibt es mein Tagebuch. Ein paar Auszüge daraus zeigen uns dann ganz schnell, wie gut es uns im Vergleich zu den Monaten davor geht. Und beim Lesen dieser Notizen fragen wir uns immer wieder, wie wir diesen täglichen, nein, nächtlichen Kampf mit dem Schlafentzugs-Monster überhaupt überleben und dieses Monster schlussendlich besiegen konnten.

Ohne die richtige Munition überstehen wir diesen Kampf aber nicht. Wir bedienen uns verschiedener Munitionstypen. Aber um es gleich vorne weg zu nehmen: Das eine „silver bullet" gibt es – wie auch schon beim Reflux-Monster – nicht. Vielmehr ist es ein „Munitions-Mix", den wir in der Qualität laufend anpassen, meist aber vor allem in der Quantität regelmässig erhöhen müssen.

Munitionstyp 1: Gleichmut

Die wohl beste Munition gegen das Schlafentzugsmonster ist stoischer Gleichmut. Denn es bringt einfach nichts, sich über den anhaltenden Teilzeitschlaf permanent aufzuregen. Eltern von Zwillingen gehen an durchwachten Nächten nicht zu Grunde. Und die Kinder haben ja nicht die böse Absicht, bei ihren Eltern ein möglichst grosses Schlafdefizit und damit möglichst blanke Nerven und möglichst schlechte Laune zu erreichen. Ich würde ja auch meckern, wenn ich genau weiss, was ich will oder was mir fehlt und niemand meine Bedürfnisse versteht.

Und nach einiger Zeit gewöhne ich mich auch an meine Rolle als Teilzeitschläfer. Es macht zwar einen rechten Unterschied, in welcher Phase des Schlafzyklus ich rausgerissen werde, aber unterm

Strich passt sich mein Körper über die Wochen und Monate doch einigermassen gut an. Auch wenn ich hier gerade ganz schwer Gefahr laufe, rückblickend ein wenig zu verklären, wie angenervt ich beim x-ten Aufwachen mitten in der Nacht oder an manchem Morgen bin. Schaue ich in meine Aufzeichnungen, so wird auch klar: Nach einem halben Jahr als Teilzeitschläfer bin ich zunehmend ungeduldig. Ich würde den Zwillingen am liebsten umgehend hochkalorische Breie geben, damit sie nachts wenigstens nur noch ein einziges Mal kommen und wir nicht immer um 21 Uhr oder allerspätestens um 22 Uhr ins Bett müssen. Doch auch als sie diesen dann bekommen, bleibt die durchschlagende Wirkung aus. Also gilt wiederum: Gleichmut lernen, ganz viel Gleichmut.

Munitionstyp 2: Vergleich mit anderen

Was auch hilft, ist das Wissen, dass das Schlafentzugs-Monster andere deutlich mehr ärgert als einen selbst. Denn Still-Hormone hin oder her. Es gibt in den ersten Monaten mehr als genug Nächte, in denen Carina deutlich weniger schläft als ich, manchmal vielleicht nur die Hälfte oder noch weniger. Dieses Wissen hilft mir dagegen, regelmässig in Selbstmitleid zu verfallen und das Gefühl zu haben, ich sei der einzige Mensch auf der Welt, der zu wenig schläft. Carina ist gegenüber dem ganzen Schlafdefizit viel pragmatischer als ich. Davor habe ich Respekt, denn schlussendlich ist sie nachts ja noch deutlich mehr im Einsatz als ich. Während der Schwangerschaft ist der Schlafmangel eine ihrer grössten Sorgen im Hinblick auf das erste Jahr mit den AJs. Umso erstaunlicher, mit welchem Gleichmut, ja mit welcher Abgeklärtheit sie das Ganze nimmt. Respekt! Da beschwere ich mich deutlich häufiger als sie.

Munitionstyp 3: Powernap

Sehr wirksam gegen das Schlafentzugs-Moster: Powernap. Eigentlich wissen es ja alle Berufstätigen: Die Südeuropäer, die machen es richtig mit ihrer Mittagspause. Oder zumindest die Asiaten, die haben ja ihren kurzen Mittagsschlaf. Schon als Student war ich ein vehementer Verfechter des nachmittäglichen Kurzschlafs in der Unibibliothek. Bücher weg, Handy aus, Brille aus, Arme verschränkt: los geht's. Zudem hatte ich in der Schule noch in einem Crash-Kurs autogenes Training gelernt. Bewaffnet mit diesen beiden Fähigkeiten habe ich vor der Geburt unserer Zwillinge das Gefühl, das kommende Schlafdefizit mit diesen gezielten, kurzen Erholungsphasen locker in Schach halten, wenn nicht sogar besiegen zu können. Dementsprechend gehört schon vor der Geburt ein Kissen zu meiner Büro-Ausstattung und ich trainiere an den Wochenenden meine brachliegenden autogenen Fähigkeiten. Soweit in der Theorie. In der Praxis setze ich diesen Munitionstyp gegen das Schlafentzugs-Monster viel zu selten ein. So ist es mir in nächtlichen Wachphasen eigentlich nie möglich, mich aktiv zu entspannen. Viel zu anstrengend ist es für mich, die Konzentration auf schwere Arme und Beine oder einen gleichmässigen Atem zu lenken. Und wenn ich im Zimmer der AJs Wache schiebe, ist die Geräuschkulisse von träumenden und verdauenden Zwillingen so nervig, dass an Konzentration nicht zu denken ist.

Auch der von mir fest eingeplante Turbo-Schlaf nach dem Mittag kann im gesamten ersten Jahr mit den Zwillingen an zwei Händen abgezählt werden. Das hängt vor allem damit zusammen, dass ich in dieser Zeit unterm Strich weniger im Büro bin als in der „Vor-Zwillings-Zeit". Da will ich es mir nicht leisten, meine schon verringerte Präsenzzeit im Büro noch mehr zu verkürzen. Es ist wie so oft im Leben: Man weiss zwar, dass etwas gesünder ist, greift dann aber doch lieber zur weniger gesunden bis ungesunden Alternative. In meinem Fall: Kaffee und Cola. Beides ist definitiv weniger wirksam als ein Viertelstunden-Schlaf. Doch der Gang zum Kaffee-Automat ist einfach deutlich bequemer und man hat das Gefühl, eine Viertelstunde mehr gearbeitet zu haben. Netter Nebeneffekt: An der Kaffeemaschine kann man noch schön Mitleid von den Kolleginnen und Kollegen erhaschen. Damit kommen wir auch zur nächsten Munitionsform gegen das Schlafentzugs-Monster, dem Koffein.

Munitionstyp 4: Koffein

Bevor wir Ende 2005 von Deutschland in die Schweiz zogen, war ich alles andere als ein Freund des Kaffees. Meine Erfahrungen bestanden bis dahin eigentlich auch nur aus Filter-Kaffee von Jacobs

Krönung, der gemächlich durch die Melitta-Beutel tröpfelte sowie aus einem Hardcore-Mix von Bitterstoffen, der in den Zeltlagern der Pfadfinder viel zu lang über dem Lagerfeuer kochte, der Kaffeesatz immer schön unten in der Kanne.

In der Schweiz, die voll und ganz unter dem Einfluss italienischer Kaffee-Kultur liegt, gibt es aber vor allem „Kafi Créme" und Espresso. Beides unter viel Druck und in kurzer Zeit durch zumeist hochwertige Maschinen wie solche von Jura oder Cimbali gejagt. Es dauerte nicht lang, da legte ich meine Kaffee-Aversion ab und freundete mich dem leicht bitteren Bohnengetränk mehr und mehr an. Zuhause blieb es zwar auch später noch primär beim Tee, doch die Nespresso-Maschine hatte Einzug gehalten und deren Starttaste drückten Carina und ich mit wachsender Kinderzahl immer häufiger. Auch im Büro stimmten Qualität von Bohne und Maschine. Ja, ich wurde nach und nach zu einem echten Freund eines guten Kaffees.

Und so steht nach der Geburt von Annika und Janina einem erhöhten Konsum nichts mehr im Wege. Denn aus Erfahrung kann ich sagen: Ich reagiere noch ausreichend sensibel auf das Koffein, sodass diese Waffe durchaus noch scharf ist, um gegen das Schlafentzugs-Monster eingesetzt zu werden. Aus dem langjährigen einen Cappuccino am Tag mit einem Espresso als koffeinhaltiger Grundlage werden unter akutem Zwillings-Einfluss schnell zwei Kaffees am Vormittag und zwei Cappucino mit doppeltem Espresso versetzt am Nachmittag. Es gibt auch Tage, an denen der Konsum für meine Verhältnisse ausartet. Ich erinnere mich da an eine ganztägige Klausur, an deren Ende ich bei der siebten Tasse bin. Für mich definitiv viel, zu viel. Glücklicherweise hält mein Magen solche Eskapaden aus.

Schief angesehen werde ich bei erhöhtem Kaffee-Konsum nicht. Verständnis haben alle. Ab und zu ein Spruch an der Kaffeemaschine der Art: „Na, Tillmann, wenn schon kein Schlaf, dann zumindest ein entspanntes Tässchen im Büro." Aber immer nett gemeint, meistens mitfühlend. Junge Eltern gibt es unter den Kollegen genug.

Zwischenzeitlich kommen dann auch die ganz grossen Koffein-Geschütze zum Einsatz: Im Nebendorf hat ein Fotograf seine

Kaffee-Leidenschaft zum Beruf gemacht. Er war es leid, ständig schlechten Kaffee trinken zu müssen und importiert und röstet seine Bohnen nun selbst. „Black&Blaze" heisst seine Marke, sie gefällt mir von Beginn an. Ob der Kaffee nun wirklich so viel besser schmeckt als die von der Konkurrenz kann ich nicht sagen. Er schmeckt mir wohl auch deswegen so gut, da ich Claude, den Gründer, sympathisch finde. Und die Tatsache, dass die Bohnen in einem Keller in Ebmatingen, dem Dorf, in dem wir früher wohnten, geröstet werden, ist für mich einfach eine schöne Geschichte.

Natürlich passen die Bohnen von Claude in keine Nespresso-Maschine. Also werde ich in der zweiten Woche als Zwillingsvater kreativ und grabe aus meinen Kisten mit Outdoor-Equipment einen Gaskocher und eine alte Bialetti-Kaffeemaschine. Das sind die Maschinen, die man direkt auf den Herd stellen kann. Dann schnell zu Claude, ein halbes Pfund Premium gekauft.

Ich muss zugeben, es ist für mich vor allem auch das Zubereiten, das diese Kaffeepausen so besonders macht: Die Bialetti mit Wasser füllen, den Verschluss des Kaffeepulvers öffnen. Den feinen Geruch des gemahlenen Kaffees in der Nase spüren. Vorsichtig das feine Pulver in das Sieb schaufeln und es dann glatt streichen. Dann das Gas aufdrehen und es entzünden, den Kaffee aufsetzen. Warten bis es brodelt und zischt, das alles sanft ummalt von boshaftem Fauchen des Primus-Kochers.

Und dann ist sie fertig, die wohl ultimative Munition gegen das listige Schlafentzugs-Monster. In der Dosis von sechs bis acht Espressi und umhüllt von reichlich heisser, auf 70° C temperierter, geschäumter Milch habe ich ein Gebräu vor mir, vor dem auch das böseste Monster wie Espenlaub zittert und sofort ängstlich schreiend Reissaus nimmt. Gezielt eingesetzt demonstriert Black&Blaze jedes Mal mit brachialer Wucht volle Wirkung: Müdigkeit ist schon bald nach einem solchen Kaffee ein Fremdwort in meinem Körper und meine Maschinerie fährt ordentlich hoch. Ähnlich muss es sein, sich reines Koffein intravenös zu injizieren …

Klar ist mir aber auch: Ein regelmässige Konsum in diesem massiv überdosierten Stil kann nicht gesund sein. Aber so, punktuell an Wochenenden eingesetzt und immer ein wenig theatralisch zelebriert und genossen, hat er durchaus etwas für sich. Als Carina mir zum Geburtstag eine edle Hand-Kaffeemühle schenkt, erreicht das Zelebrieren des Koffein-Rausches seinen Zenit: Bevor ich den Gaskocher anwerfe, gilt es zunächst einmal rund drei bis fünf Minuten lang die Black&Blaze-Bohnen mit der Hand fein zu zermahlen. Ich gebe zu: Das alles ist schlicht und einfach übertrieben. Vor allem wenn man sich als Zwillingsvater, dessen Budget an Freizeit eh stark limitiert ist, solchen Prozeduren hingibt. Aber ich mag diese Momente. Schlussendlich ist die Kaffee-Zubereitung einfach auch Zeit, die ich für mich habe. In diesen wenigen Minuten sind die Zwillinge und der Schlafentzug ganz, ganz weit weg. Und darum geniesse ich diesen Festakt des Kaffee-Konsums. Früher wurden die Schwerter übertrieben lang geschliffen und poliert bevor es in die Schlacht ging. Fliegerbomben wurden bemalt und mit Grüssen an den Feind versehen. Das alles erhöhte die Wirkung der Waffe nicht, aber es motivierte in rauen Zeiten. Also male ich weiter Bohnen, werfe den Kocher an, messe Milch-Temperatur mit dem Thermometer und schäume die Milch – alles, um die Koffein-Waffe für den Kampf gegen das Schlafentzugsmonster so richtig scharf zu machen.

Das ZAHN-Monster

Ein weiteres Monster beschäftigt uns bei Annika und Janina über lange Zeit und lässt uns viele, viele Kämpfe führen. Erst schlummert es mehrere Monate in den Kiefern unserer Zwillinge und lässt uns in Ruhe. Wir wissen, dass es dieses Monster gibt. Und wir wissen auch, dass es eine Frage der Zeit ist, bis wir mit ihm kämpfen müssen. Aber wir haben auch Hoffnung. Das Zahn-Monster schlummert zwar in jedem dieser kleinen Geschöpfe. Doch manchmal bleibt es ein kleines, süsses Monsterlein, das weder Kind noch Eltern plagt. Bei Lilja war es damals so ein schnuckeliges Zahn-Monster in rosa und aus Plüsch. Lilja bekam einen Zahn nach dem anderen, doch ausser ein paar kleinen Auswirkungen auf die Verdauung plagten alle 20 Zähne die Kleine in keiner Weise. Hier wurden wir wie auch mit anderen Kinderkrankheiten im Rückblick massiv verwöhnt. Entsprechend haben wir mit dem Zahnen überhaupt keine Erfahrung, als es bei Annika und Janina soweit ist.

Um es gleich vorweg zu nehmen: Im Vergleich mit dem Reflux-Monster und vor allem mit dem Schlafentzugs-Monster ist es eher ein Kreisliga-Monster. Plagen kann es die kleinen Geschöpfe ganz schön, und das bei Tag und auch bei Nacht. Aber zum Glück immer nur für ein paar Stunden bis wenige Tage. Dann ist erst mal wieder Ruhe. Das Gemeine am Zahn-Monster: Es bleibt so lange unbesiegt, bis irgendwann endlich alle 20 Zähne draussen sind. Und es ist gut getarnt. Denn oftmals wissen wir als Eltern gar nicht, warum unsere AJs rumheulen. Müde? Hunger? Langeweile? Frust? Windel voll? Lilja kann zwar ihre Schwestern am Schreien unterscheiden, aber leider ist ihr Gehör dann doch nicht so perfekt, dass sie uns auch sagen könnte, was die beiden kleinen Ladies im jeweiligen Moment plagt.

Fakt ist: Bei uns geht das Zahn-Monster immer wieder gern auch eine unheilvolle Allianz mit dem Schlafentzugs-Monster ein. Kaum erwischen wir eine Phase, in der unsere Zwillinge mal nicht erkältet sind und nicht unendlich viele neue Eindrücke verarbeiten müssen, ist eigentlich klar, dass das Zahn-Monster meint, seine Zähne fletschen und uns alle ärgern zu müssen. Und so beginnt dann immer wieder das grosse Ratespiel: Sind es wirklich die Zähne oder ist es etwas anderes? Na ja, und mit Zwillingen zahnt über Monate eigentlich immer ein Kind. Denn auch wenn die AJs eineiig sind, bedeutet dies zumindest bei unseren Kids nicht, dass die beiden ihre Zähne zeitgleich bekommen. So kommen bei Annika mit acht Monaten gleich zwei Schneidezähne im Unterkiefer, Janina lässt sich hier wie bei vielem anderen auch mehr Zeit. Es braucht zehn Monate bis bei ihr ein Zahn sichtbar ist.

Unser Zahnmonster macht sich einen riesigen Spass daraus, unsere Zwillinge vor allem auch nachts zu ärgern. Und damit auch die Eltern. Und wenn es dann mal ein richtig fieser Zahn ist, der da kommt, kann es schon mal sein, dass die betroffene kleine Dame x-fach aufwacht und wir fast so oft rennen müssen wie in den Nächten der ganz harten Kämpfe mit dem Schlafentzugs-Monster.

Aber gut, natürlich nehmen wir das Ganze nicht einfach so hin. Das Zahn-Monster, auch wenn wir es von Lilja her nicht kannten, ist trotz aller Unwägbarkeiten ein einigermassen zu kalkulierendes Monster. Also wappnen wir uns entsprechend und munitionieren wie auch bei den anderen Monstern ordentlich auf.

Wie wir das Zahn-Monster besiegen

Bernstein-Ketten. Hach, wie süss. Ja, Bernstein-Ketten sollen helfen. Die heilende Kraft des magischen schmutzig-gelben Steins. Auch wir bekommen sie natürlich geschenkt. Und wir zeigen Goodwill und ziehen sie unseren kleinen Damen auch an. Zugegeben, das sieht ganz süss aus. Aber es ist in unseren Augen vor allem unpraktisch beim An- und Ausziehen. Und da wir beim ersten Zahnen rein gar keinen Unterschied merken, ob diese Steine nun in Wirkdistanz zum Kiefer sind oder nicht, lassen wir es einfach bleiben mit diesen Wundersteinen. Fakt ist: Die Personen, die hier eine Marktlücke entdeckten, waren ganz schön clever. Denn „Marktpotenzial" gibt es ja genug und ein perfektes Geschenk zur Geburt sind diese Ketten von der Preislage her auch.

Also wenden wir uns von den Steinchen ab und den anderen Hilfsmitteln zu. Da gibt es z. B. diverses „Kaumaterial": normale Beissringe jeder Art, zahnbürstenähnliche Gerätschaften mit Gumminoppen oder dann natürlich die „special tools", die mit Flüssigkeit gefüllt sind und die man im Kühlschrank oder im Gefrierschrank zu kühlen bis kalten Kauleisten umfunktionieren kann. Ergänzend dazu bieten sich kleine Möhrenstücke an. Inwiefern das alles wirkt ist schwer zu beurteilen, zumindest lenken diese Sachen unsere AJs ab. Ich bin aber der Meinung, dass es die anderen Spielzeuge, auf denen sie voller Inbrust rumbeissen, auch tun.

Mit Zwillingen braucht man doppelt so viel von diesem Knabberkram. Das hat wiederum Vorteile, da es für das einzelne Kind mehr Auswahl gibt und damit das Rumkauen nicht so langweilig wird. Wir haben am Ende eine ganze Box voll. Und vermutlich brauchen wir diese auch noch recht lange; denn wie gesagt, bis der letzte Backenzahn da ist, wird noch eine Weile vergehen.

Blöd ist es nur, wenn die AJs nachts aufwachen und wir vermuten, dass es Zahnweh sein könnte. Da ist dann natürlich nicht viel mit Beissringen & Co. Hier gibt es die Option für diverse Zahngels, welche die Schmerzen nehmen sollen. Wir haben eine ganze Palette an diesen Gels. Ob sie wirklich wirken? Wir wissen es nicht. Aber zumindest riechen und schmecken sie ganz gut – natürlich haben wir den Selbsttest gemacht – und von daher dürften auch sie zumindest den Zweck der Ablenkung erfüllen. Allerdings ist die Wirkdauer sehr begrenzt. Unsere Zwillinge weigern sich nach einer gewissen Zeit einfach den Mund aufzumachen. Da bleibt dann nur noch das Prinzip Hoffnung. Hoffen, dass die Schmerzen irgendwann nachlassen oder zumindest die Müdigkeit der Kinder so gross wird, dass sie der Schlaf übermannt.

Unterm Strich können wir sagen: Das Zahn-Monster ist eklig. Bei den ganzen anderen Monstern ist es viel einfacher, deren Angriffe klar zu identifizieren. Das Zahn-Monster hingegen ist wie gesagt ein Meister der Tarnung. Manchmal liefern die Verdauung, ein wunder Hintern oder knallrote Wangen Hinweise. Oft bleibt uns für die Gegenmassnahmen aber nur „trial-and-error". Vor allem, wenn die Kinder eh schon krank sind, Fieber haben und den ganzen Tag rumheulen. Wir haben mehrere solche Fälle, wo sich das Zahn-Monster hinter anderen Symptomen tückisch versteckt und uns gar nicht klar ist, dass wir es auch mit diesem Halunken zu tun haben. Und dann, urplötzlich, zeichnet sich das nächste Profil eines kleinen Zähnchens im Mund ab ...

PIONIER

Beim Begriff des Pioniers habe ich zwei Bilder im Kopf: Die Siedler, die im 18. und 19. Jahrhundert von der US-Ostküste immer weiter nach Westen wanderten. Sie wussten nicht, was sie erwartet. Sie mussten zusammenhalten, um zu überleben. Oft genug waren sie völlig auf sich allein gestellt. Sie mussten sich laufend neuen Gegebenheiten anpassen. Routine kam erst ins Spiel, wenn sie einen Platz gefunden hatten, wo sie sesshaft werden wollten. Die andere Figur ist der militärische Pionier. Er muss ständig improvisieren und basteln. Und wenn er Pech hat, macht der Feind die neue Konstruktion gleich wieder kaputt und er muss wieder von vorn anfangen.

Beide Figuren verbindet, dass sie mit „Bordmitteln" versuchen, für sich und andere die bestmögliche Situation zu schaffen. Sie sind ständig gefordert und müssen immer wieder aufs Neue ausprobieren. So gesehen sind Zwillingseltern auch Pioniere. Und im ersten Lebensjahr der Kids sind sie eigentlich fast schon hauptberuflich Pioniere.

Vor ein paar hundert Jahren mussten die Siedler auf dem ameri-
kanischen Kontinent täglich schauen, dass sie immer genug zu essen
hatten. Die Pioniere damals trafen auf ganz neue Gewächse und
Früchte, die sie nie zuvor gesehen hatten. Oft wussten sie nicht, was
davon geniessbar war.

Genauso geht es uns mit den Zwillingen. In den ersten Wochen
ist für uns noch klar: Zur Muttermilch gibt es keine Alternative.
Warum auch? Carina hat genug Milch für die beiden kleinen
Damen und das Stillen klappt von Anfang an problemlos. Doch
wegen des permanenten Schlafmangels und des Reflux-Monsters
hat Carina zwei Monate nach der Geburt eine „Still-Krise" und
weiss nicht mehr, ob sie wirklich noch weiterstillen will und soll.
Die Hebamme ist auch nicht wirklich patent. Im Gegenteil: Sie ist
davon überzeugt, dass man Zwillinge nicht stillen sollte. Das sei für
die Mutter einfach zu hart. Der Kinderarzt wiederum sagt: „Machen
sie das, was für sie am einfachsten ist." Das ist ganz klar Stillen, vor
allem, wenn Carina tagsüber allein mit den AJs ist. Doch nachts?
Mixen wir Muttermilch und Milchpulver? Werde auch ich mich
als „Ernährer" mit der Flasche bewähren müssen? Dazu kommt das
Reflux-Monster, das uns dazu bringt, alle guten Vorsätze über Bord
zu werfen und „Anti-Reflux-Milch" zu füttern. Das machen wir
einmal, dann neue Lagebeurteilung: Das Monster ist nicht besiegt,
die Ernährungsfrage weiterhin ungeklärt.

Eine Zeit lang pumpt Carina abends Muttermilch ab und wir
geben sie den Zwillingen mit der Flasche, damit sie diese Art zu
trinken nicht verlernen. Diesen „Spass" hatten wir schon einmal
mit unserer Grossen. Das führte damals dazu, dass ich damals regelmässig verzweifelte, wenn Lilja sich vehement und durchaus erfolgreich dagegen wehrte, von mir mit der Flasche gefüttert zu werden
und sie nach dem Abstillen eigentlich gar nichts mehr trank.

Wie auch immer, kaum haben wir nach der Still-Krise – zum
Glück währt diese nur eine Woche – den Weg zurück zum reinen
Stillen gefunden und es ist ein wenig Ruhe eingekehrt, werden die
Nächte schlechter. „Zu wenig Kalorien!", ist mein erster Gedanke

als Vater. Ein Artikel auf Spiegel online und meine deutlich besser informierte Frau lassen mich dann wissen, dass dies schon mal gar nicht sein kann. Denn zu Beginn gibt es bei der ganzen Breikost ja eh nur Gemüse ohne „Sättigungsbeilage". Da ist die Muttermilch im Vergleich dazu deutlich nahrhafter. Trotzdem sehne ich mich nach dem Tag, an dem wir den ersten Brei geben. In meinem Kopf hat es sich festgesetzt: Brei ist fest, der MUSS also sättigender sein als diese dünnflüssige Milch – allen wissenschaftlichen Studien zum Trotz. So wie die Pioniere früher vermutlich auch immer auf das fette Bison-Steak aus waren, da sie sich von diesem mehr Kraft als von der täglichen trüben Graupen-Suppe erhofften.

Kaum ist dann der Brei mittags eingeführt, geht es mit dem Ausprobieren wieder von vorn los: erst nur Fenchel, nach zwei Wochen etwas Kartoffel dazu. Folge: massive Verdauungsprobleme. Also Kartoffel wieder weg und zurück zu nur Fenchel. Etwas später kommt dann Hirse dazu. Ganz wenig. Dosis täglich erhöhen. Dann Pastinake dazu. Nie gehört? Ich auch nicht. Ich muss mich allerdings von Wikipedia belehren lassen, dass diese Rübe bis zur Einführung der Kartoffel in Europa eigentlich das Grundnahrungsmittel schlechthin war. Wie auch immer, diese überdimensionierte weisse Mohrrübe ist gekocht recht lecker. Die gibt es also für die AJs irgendwann dazu. Beim Getreide folgt dann auf die Hirse der Griess, dann das Vierkorn, später der Hafer. Und immer wieder gehen wir ein paar Schritte zurück, da nicht selten neue Lebensmittel – wie der Griess – auch zu nächtlichen Verdauungsproblemen bei unseren AJs führen. In der Folge, klar, gibt's ordentlich Gebrüll. Für uns heisst das teilweise bis zu einer Dreiviertelstunde den Bauch von einem oder im Extremfall von beiden Zwillingen zu massieren, bis bei den kleinen Damen da unten wieder Ruhe eingekehrt ist und sie weiterschlafen können.

Ich muss gestehen: Obwohl es ja gern heisst, die Männer seien über Jahrtausende für die Nahrungsbeschaffung verantwortlich gewesen, so stimmt das in unserem Fall nicht. Übertragen auf die Weiten des nordamerikanischen Kontinents wäre nicht ich es gewesen, der bestimmt, ob wir an einem Tag Bison oder Bär jagen und in welchen Mengen. Ich hätte einfach beim Jagen und später beim Kochen geholfen. Die Entscheidungen hätte der Küchenchef der Pionier-Gruppe getroffen. Und das ist in unserem Fall klar Carina. Sie ist bestens darüber informiert, was die kleinen Ladies wann essen sollten. Und ganz ehrlich: Ich habe in diesen Wochen nichts gegen meine Rolle als Hilfskoch oder sogar als Küchenjunge und bin gern das ausführende Element.

Auf der anderen Seite: Ich drücke mich nicht. So bin auch ich regelmässig am Einkaufen, Schälen, Schnibbeln, Kochen und Pürieren. Ich weiss, in welchem Gefrierfach welche Breie lagern und bringe unserer Grossen bei, mit den wuchtigen, scharfen Küchenmessern zu hantieren, ohne sich dabei die Finger abzuschneiden. Von daher: Die Hauptverantwortung bei der Nahrungsbeschaffung und -zubereitung habe ich abgegeben, aber ich bringe volle Unterstützung beim Support und in der Ausführung.

Apropos Ausführung. Zum Thema Ernährung gehört auch das Thema Füttern. Und hier muss ich feststellen, dass ich zuweilen einen ziemlichen Ehrgeiz entwickle, dem vermutlich vor allem Männer verfallen. Begünstigt durch den Fakt, dass unsere Grosse in ihrem ersten Lebensjahr eine unsagbar schlechte Esserin war, die Carina und mich wie auch alle „Gast-Fütterer" durch ihre konsequente Verweigerungshaltung und Blockadepolitik regelmässig in den Wahnsinn trieb, bin ich einfach nur selig, dass die AJs eigentlich immer gute bis sehr gute Esserinnen sind. Und so ist es für mich immer wieder ein kleiner Sieg, wenn ich bei der Breimenge eine neue „Bestmarke" hinlege.

Wir haben ja schon Tränen in den Augen, als die beiden problemlos dreistellige Breimengen essen und können es wenige Wochen später kaum glauben, als es über 200 Gramm sind, die jedes der kleinen Wesen in sich reinmampft. Das war bei Lilja nie, auch nicht ansatzweise, möglich. Na ja, und wir Männer, wir lieben es ja zu siegen und wir lieben es zu sehen, was wir erreicht haben. In dem Fall halt leere Breischüsseln. Also bin ich immer wenn ich füttere auch darauf aus, diesen Zustand der Leere zu erreichen. Väterlicher oder besser männlicher Ehrgeiz passt aber meistens nicht so gut mit dem Essverhalten von Babys zusammen. Vor allem da diese auch ihre „Phasen" haben, in denen sie mal weniger und dann wieder mehr essen.

Daher ist es immer wieder ein kleiner Frust, wenn sie „nur" leicht im dreistelligen Bereich essen. Gibt es dazu noch Theater, bin ich richtig enttäuscht. Carina sieht das gelassener, für sie ist Essen weniger ein Wettkampf. Vor allem, da wir schon recht bald merken, dass viel Brei am Abend nicht direkt bedeutet, dass die AJs gut schlafen. Hier brauche ich ein paar Fütter-Monate zusätzlicher Erfahrung, bis ich etwas gelassener werde und sich dieser unbedingte Siegeswille mässigt. Er verschwindet aber nicht ganz. So wurmt es mich unterschwellig, dass Carina den Rekord im gleichzeitigen Schnellfüttern beider Zwillinge hält: 390 Gramm in 11 Minuten. Nicht schlecht, normal dauert das Ganze in der ersten Zeit um die 20 Minuten, wenn man beide gleichzeitig verköstigen muss. Was ist dann meine Freude riesig, als Carina und Lilja mal einen Tag weg sind und ich mit den AJs allein bin. Mittags schaffen wir 430 Gramm in 12 Minuten! Das muss ich dann Carina sofort per WhatsApp unter die Nase reiben, unterlegt mit vielen Symbolen für Applaus, Siegerpokal-Icons und grinsenden Smileys. Ja, Vater bleibt Vater, Mann bleibt Mann. Zwillinge zu haben ist halt immer auch ein kleiner Wettkampf ...

Die Nahrungssuche und damit die Suche nach dem perfekten Brei bleibt über Wochen und Monate ein ständiges Ausprobieren, bis wir im achten Monat zu allen Mahlzeiten Brei eingeführt haben, der Verdauungstrakt unserer AJs abgehärtet ist und wir nach und nach versuchen, den Zwillingen in kleinen Stücken das zu füttern, was auch wir Grossen essen. Doch auch mit knapp zwölf Monaten gibt's immer noch Brei. Bildlich mit den U.S.-Pionieren gesprochen: Der Weg durch die Rocky Mountains mit der kargen, bergigen Ödnis, den ständigen Wettereinbrüchen, reissenden Flüssen und dichten Wäldern ist geschafft. Vor uns liegt am Horizont der Pazifik und davor gibt es noch saftige Weiden und fruchtbarer Ackerboden. All das muss zwar noch nutzbar gemacht werden, aber die Reise wird einfacher.

Fakt ist aber auch: Bei der Ernährung der Zwillinge hätten wir es uns deutlich leichter machen können. Die Entscheidung, ihnen möglichst lang – zumindest mittags – selbstgemachten Brei zu füttern, führt bei uns zu einem rechten Mehraufwand. Es gibt Tage, da sind wir gefühlt zwei Drittel der Zeit damit beschäftigt, Gemüse einzukaufen, zu schälen und zu schnibbeln, zu kochen, zu pürieren, zu portionieren und dann einzufrieren. Hätten wir nur auf Herrn Hipp, Holle und Alnatura gesetzt, hätten wir das Ganze deutlich einfacher haben können. Aber auch wenn Millionen Babys ohne bleibende Schäden mit diesen Fertigbreis aufgewachsen sind, so ist in diesen Gläsern doch auch reichlich Zeugs drin, wo man sich fragt, warum das drin sein muss. Und da es eine halbe Stunde zu Fuss von uns entfernt einen Bauernhof gibt, der fast das ganze Jahr über Obst und Gemüse entweder aus eigener Produktion oder von umliegenden Höfen verkauft, nehmen wir mit dem Wissen, dass unsere AJs wirklich natürliche Nahrung erhalten, die zusätzliche Arbeit gern auf uns.

Das Ganze hat zudem zwei nette Nebeneffekte: Zum einen lernen wir eine Menge dazu über die verschiedenen Gemüse und Grundnahrungsmittel. Dank Tablet, YouTube und anderen Koch-Kanälen erhalten wir reichlich Tipps wie wir beispielsweise Fenchel richtig schälen oder Brokkoli im Dampfkochtopf die beste Konsistenz erhält. Da hätten sich die alten Pioniere die Augen gerieben, wenn sie gesehen hätten, wie wir uns in der Küche stehend Koch-Videos anschauen ...

Zum anderen bekommt Lilja mit, woher unsere Lebensmittel kommen. Nicht aus dem Supermarkt, sondern vom Feld. Und wie alle Kinder in dem Alter ist sie als Vier- und später Fünfjährige wiss- und lernbegierig und möchte ständig mithelfen. Insgesamt frisst das Brei-Kochen zu dritt mit Kind viel Zeit, Carina und ich allein wären deutlich schneller gewesen. Aber Lilja ist masslos stolz, als sie mit mir zusammen eines Tages auch mit den richtig schweren und scharfen Küchenmessern ran und tüchtig Gemüse schneiden darf. So bekommt das Ganze sogar Event-Charakter und als angenehmen Nebeneffekt haben wir ein gelangweiltes Kind weniger. Lecker Bierchen dazu und die Abendgestaltung ist perfekt! Hier hätten die alten Pioniere wiederum ganz einfach nur zustimmend genickt: Wenn es um die Ernährung geht, dann muss die ganze Familie anpacken.

Mit zunehmendem Alter unserer Zwillinge erlangt Carina wieder mehr Freiräume und damit geht die Chef-Ernährerin der AJs für immer längere Zeit auch mal „von Bord". Wie gesagt, ich habe ihr immer ein wenig über die Schulter geschaut und sie nach Kräften unterstützt; gefüttert habe ich eh vom ersten Tag an. Aber eben, die Verantwortung der Gesamtkoordination habe ich bei diesem Thema immer gern abgegeben. Den Überblick, wie viel Milchpulver wir noch haben, wie viele Breiportionen noch im Tiefkühler lagern und welches Nahrungsmittel als nächstes eingeführt wird, den habe ich nie. Darum bin ich froh, wenn Carina mir jedes Mal, wenn sie während einer oder mehrerer Mahlzeiten nicht zu Hause ist, genau aufschreibt, was ich in welchen Mengen zusammenrühren muss. Das passt auf der einen Seite meinem Ego zwar überhaupt nicht, denn es ist eine Art bevormundetes „Schülerdasein". Aber die Alternative wäre gewesen, als zweiter Chef voll ins Ernährungs-business einzusteigen. Doch hier halte ich mich dann lieber an das Sprichwort, das hier perfekt passt: „Zu viele Köche verderben den Brei". Bei den Pionieren hätte es vermutlich in den endlosen Weiten der Prärie auch nur Ärger gegeben, wenn zwei Personen bei der Nahrungsmittelbeschaffung den Taktstock geschwungen hätten. Zumindest rede ich mir das ein und bleibe darum weiterhin lieber Hilfskoch, Küchenjunge, Zufütterer. Und am Ende zählt ja auch nur Folgendes: Unsere AJs wachsen und gedeihen auch unter meiner Obhut bestens.

Der Schlaf-Pionier

Das Thema Schlaf zieht sich wie ein Roter Faden durch dieses Buch. Immer dieser Schlaf, immer dieses Schlafdefizit. Mag sein, dass es irgendwann etwas langweilt. Aber was soll ich sagen, der Schlaf ist für alle Eltern, vor allem aber für Mehrlingseltern, eine so bestimmende Komponente ihres Alltags und vor allem auch ihrer Allnächte, dass ich auch an dieser Stelle wieder darauf zurück-kommen muss. Denn ebenso aufwändig wie die Suche nach der richtigen Nahrung war die Suche nach den perfekten Rahmen-bedingungen für guten, möglichst wenig unterbrochenen Schlaf unserer AJs.
Carina und ich haben uns während der Zwillingsschwangerschaft

immer wieder überlegt, wie wir Annika und Janina am besten schlafen lassen würden. Ob in unserem oder in einem eigenen Zimmer. Ob gemeinsam in einem Bett oder in zwei getrennten. Das mag jetzt einigermassen trivial klingen. Bei uns wird daraus über Wochen und Monate gesehen aber eine echte Pionierleistung. Vor dem 1. Mai 2013 haben wir folgenden Plan: Die Zwillinge sollen die ersten Tage bei uns im Zimmer zusammen in einem eigenen Bett schlafen. Dann wollen wir die beiden aber möglichst rasch „rauswerfen". Denn von Lilja wissen wir noch, dass wir damals deutlich besser schliefen, nachdem wir nachts nicht mehr von den diversen Geräuschen unserer Mitschläferin gestört wurden. Und auch Lilja schlief allein deutlich ruhiger.

Genauso starten wir dann auch. Da die beiden zu Beginn noch so winzig sind, können wir sie problemlos einander gegenüber, Fuss an Fuss, ins Gitterbett legen; 45 Zentimeter Körperlänger bei 120 Zentimeter Bettlänge, das geht auch mit einem Haufen Decken und mit Mützen, die wir zwecks Temperaturregelung für die beiden zu Beginn brauchen, perfekt.

Ein paar Tage und Wochen funktioniert diese Konstellation sehr gut. Dann kommt das Reflux-Monster. Und mit ihm macht sich auch der Schlaf-Pionier warm, um in den nächsten Wochen und Monaten regelmässig neue, kräftezehrende Missionen zu erfüllen.

Kind schräg legen – so die gängige Empfehlung von Kinderärzten und der Mütterberatung für Kinder, die mit dem Reflux-Monster kämpfen. Also werden wir aktiv und basteln uns eine schräge Liegefläche. Das geht ganz einfach: Bücher, für die wir ja eh keine Zeit mehr zum Lesen haben, unter zwei Füsse des Bettes legen und fertig ist die Arbeit des Schlaf-Pioniers. Zumindest der für einen Einling zuständige Schlaf-Pionier ist dann fertig. Das Ganze funktioniert aber natürlich nicht, wenn man Zwillinge hat und diese Fuss an Fuss im Bett liegen. Da würden wir das eine Kind ja mit dem Kopf nach unten legen und damit zum noch leichteren Opfer für das Reflux-Monster machen. Also neue Lagebeurteilung und Schlafsituation anpassen: Bei 45 Zentimeter Körperlänge und 60 Zentimeter Bettbreite kann man die Kinder auch nebeneinander in das Bett legen und dieses schön auf einer Seite aufbocken.

So fahren wir eine Zeit lang ganz gut. Annika und Janina schlafen zwischen dem Stillen tief und fest. Doch die beiden wachsen so wie sie sollen. Irgendwann reicht ein Bett natürlich nicht mehr. In einer Zwillingszeitschrift lesen wir, dass beide Kinder bis zum Alter von zehn Monaten in einem Bett geschlafen haben. Wir können uns nicht vorstellen wie das funktionieren soll, ohne die Kinder am Ende ins Bett zu quetschen. Also bauen wir ein zweites Bett auf. Probleme mit dieser neuen nächtlichen „Einsamkeit" haben die AJs nicht, alles bleibt vorerst schön friedlich.

Doch jede gute Phase geht einmal zu Ende. Das mehrmalige nächtliche Aufstehen und Rüberlaufen ins andere Zimmer ist für uns beide, vor allem aber für Carina, zunehmend nervig, denn der Kreislauf kommt jedes Mal voll auf Touren. Ist Carinas Still- und mein Kind-halten-Einsatz vorbei, klappt es bei uns oft nicht sofort mit dem Wiedereinschlafen.

Also neue Lagebeurteilung und Schlafsituation anpassen: Nach dem ersten Stillen tragen wir die Zwillinge in unser grosses Doppelbett, Carina in die Mitte, ich mitsamt Bettzeug runter ins Gästezimmer. Bei verschiedenen Zwillingseltern war dies der Schlüssel zum Glück, also zum geruhsamen Schlaf. Nicht so bei uns. Wir brechen die Übung nach einer Woche ab. Denn das Schlafen zwischen zwei Matratzen führt bei Carina vor allem zu Rückenschmerzen und die Zwillinge rollen quer durchs Bett, wenn sie sich bewegt.

Also neue Lagebeurteilung und Schlafsituation anpassen: Carina schläft auf einer Matratze, beide Zwillinge auf der anderen. Problem daran: Schläft der vordere Zwillinge und der hintere ist wach, kann Carina diesem nicht das Händchen halten oder den Nuggi reinstecken. Und sie muss sich für die diversen Versorgungs- und Beruhigungsmassnahmen, die gern schon mal mehrere Minuten bis hin zu einer Dreiviertelstunde dauern, halb aufrichten. Funktioniert also auch nicht.

Also neue Lagebeurteilung und Schlafsituation anpassen: Nach dem Motto „Zurück auf Start" schlafen Annika und Janina wieder jeweils in ihrem eigenen Bett. Da die beiden mit zunehmendem Alter schneller trinken und sich die Still-Slots dadurch deutlich verkürzen, gewinnt vor allem Carina wertvolle Minuten Schlaf.

Meine Funktion besteht vor allem darin, dem gestillten Zwilling einen „Görps", auch „Bäuerchen" genannt, abzuringen. Dauert das Wippen auf den Zehenspritzen zu lang, ist dann auch mein Kreislauf voll hochgefahren und das spätere Wiedereinschlafen klappt oft genug nicht gleich. Stillt Carina einen Zwilling, während der andere noch schläft, so braucht es mich nach rund vier Monaten gar nicht mehr. Sie macht alles allein. Aber auch diese Phase währt nur kurz.

Unsere Nächte bleiben fragmentiert und wir fragen uns, ob wir nicht einfach zu schnell zu den Kindern eilen. In diesem Zusammenhang fällt mir eine Kundenbewertung aus dem Internet für ein Babyphon ein. Eine Kundin bemängelt, dass das Gerät mit zu grosser zeitlicher Verzögerung erst anspringt, wenn ihr Kind schreit. O-Ton: „Für uns als junge Eltern ist es nicht akzeptabel, wenn das Gerät erst zwei bis drei Sekunden nachdem unser Kind angefangen hat zu schreien, anspringt." Ich vermute die Autoren sind Einlingseltern. Wir hingegen würden am liebsten die Türen unseres und des Gästezimmers ganz schliessen, in der Hoffnung, dass nach ein wenig Geplärre die Kinder wieder allein in den Schlaf finden und wir davon nichts mitbekommen. Aber gut, das wäre vor allem in den ersten Monaten, in denen es völlig normal ist, dass die Zwillinge nachts eine feine Milch serviert bekommen, dann schon etwas zu hart. Und vermutlich würde das Ganze eh nicht funktionieren, denn wir wohnen nicht in einem Bunker, sondern in einem hellhörigen, über 300 Jahre alten Holzhaus. Und das Stimmvolumen der beiden AJs ist nach ein paar Wochen ausreichend, um uns durch alle Wände hindurch zu wecken. Zum Glück hat Lilja einen sehr tiefen und festen Schlaf. Kein einziges Mal wacht sie durch das Gebrüll der Zwillinge auf. Und zum Glück ist unser Haus in sich zwar sehr, sehr hellhörig, aber die direkten Nachbarn, deren Schlafzimmer direkt an unser Schlafzimmer beziehungsweise an das der AJs grenzt, bekommen selbst von langandauernden nächtlichen Brüll-Attacken nichts mit.

Das ist für mich eine riesige Erleichterung. In unserer alten Wohnung wurde Lilja damals von der neuen Mieterin, die unter uns eingezogen war, mit dem Worten „Hallo, kleines Monster!" begrüsst. Ab diesem Moment hatte die Nachbarin für mich verloren. Denn

Lilja war zu diesem Zeitpunkt schon eine tolle Schläferin, die nur sehr selten aufwachte und höchstens ein paar Einschlafprobleme hatte. Und dennoch, die Aussage der Nachbarin stresste mich. Kaum auszudenken wie ich nachts noch zusätzlich gestresst gewesen wäre, hätten unsere Nachbarn die Eskapaden der AJs in Stereo und fast ungefiltert mitbekommen.

Also Lage beurteilen und Schlafsituation anpassen: Wir schliessen unsere beiden Türen bis auf einen Spalt, in der Hoffnung, wenigstens vom leisen Geknöter der Kids nichts mitzubekommen. Nach ungefähr sechs Monaten merken wir, dass die Zwillinge bis in die frühen Morgenstunden nicht wegen Hunger aufwachen, sondern dass sie einfach zwischen den verschiedenen Schlafphasen wach werden und nicht mehr in den Schlaf finden. Kommen dann noch ein paar Verdauungsprobleme hinzu, sodass die Kinder ordentlich drücken, so finden wir zwei Kinder mit riesengrossen Augen im Bett, die bereit wären, ordentlich bespasst zu werden. Tagsüber ist es ja wirklich süss, wenn die Zwillinge vor sich hin glucksen und gieksen. Doch um 2:45 Uhr in der Nacht finden wir nur sehr bedingt Gefallen an diesen Geräuschen und schauen uns genervt an. Im Gesicht die Frage: „Wie sollen die denn jetzt wieder schlafen?" Da hilft dann nur lang anhaltendes ruhiges Zureden, kombiniert mit Händchen halten und Nuggi reinstecken. Irgendwann schläft zumindest ein Kind wieder, das andere kommt mit Carina ins Bett und ich mache mich auf den Weg runter ins Gästezimmer.

Doch Monate als Teilzeitschläfer machen mürbe. Wir haben nach einem halben Jahr keine Lust mehr auf solch fragmentierte Nächte. Jetzt ist der Schlaf-Pionier erneut gefordert. Ein bisschen fühlen wir uns wie ein Brückenbau-Pionier. Den Fluss vor uns haben wir schon ein paarmal erfolgreich überquert und konnten einen Brückenkopf auf dem anderen Ufer, das den Namen „Ruhiger Schlaf" trägt, errichten. Doch so ganz gelingt es uns nicht, eine richtig stabile Verbindung aufzubauen. Immer wieder geht etwas kaputt oder wir liegen unter Störfeuer von Reflux, Verdauung oder – im Hochsommer – zu hohen Zimmertemperaturen. Letzteres funktioniert übrigens auch im Winter, wenn die Eltern vergessen, die Heizung auszustellen und die Zwillinge irgendwann wie halbe

Grillhähnchen anfangen dagegen zu protestieren, dass sie dick eingepackt bei über 23° C in ihren Schlafsäcken schmoren ...

Das ständige Improvisieren nervt zunehmend. Und es nervt vor
allem auch mich. Obwohl Carina deutlich mehr die Leidtragende ist,
kommt sie immer wieder mit sehr rationalen Argumenten: „Zweimal
pro Nacht zu stillen ist in dem Alter keine Ausnahme."; „Bei einem
Kind wäre das alles kein Problem, das liegt alles nur daran, dass es
zwei sind." Ja, sie ist in dieser Phase deutlich besser als ich dazu
fähig, die Lage nüchtern und pragmatisch zu beurteilen. Ich habe
auf mein Leben als Pionier zu Beginn des siebten Monats keine Lust
mehr und bin entsprechend genervt bis gereizt, wenn wieder einmal
eine neue Brückenkonstruktion versagt und mein erster Gedanke
am Morgen ganz sehnsüchtig bei der Kaffeemaschine im Büro ist.

Aber Rumheulen und sich selbst zu bemitleiden hat die Pioniere
im Wilden Westen auch nicht an den Pazifik gebracht. Wir müssen
weiter. Und es geht weiter. Aber die Nächte bleiben hart. Den
ganzen siebten und den ganzen achten Monat. Diverse Erkältungen
bei mir und den AJs machen das Leben als Schlafpionier nicht einfacher, es wiederholen sich Nächte, in denen die Kinder aufgrund
des Schnodders in der Nase nur bei uns auf der Brust schlafen. So
etwas rädert immens und nimmt einem dann durchaus die Lust,
Zwillingsvater zu sein.

Manchmal gibt es schöne Ausreisser und wir wähnen uns schon
in Sicherheit. In solchen Momenten würden wir uns gern den
Staub von den Schlafanzughosen klopfen und sagen: „So, geschafft,
Kinder schlafen durch. Die nächste Herausforderung bitte."
Aber dann bricht unsere fragile Brücke zum Schlaf-Ufer wieder
zusammen. Schaue ich in mein Notizbuch, so finde ich einige Ein-
träge, die darauf schliessen lassen, dass das damals im November
und Dezember wirklich keinen Spass macht. Da findet sich immer
wieder auch heftiges Fäkal-Vokabular, Flüche, die ich besser nicht
ausführe und auch Anflüge von Verzweiflung. Es war das Gefühl,
vom Pfad abgekommen zu sein und immer nur neben der Spur
zu laufen, zu schlingern, wieder wegzusacken. Eine endlos scheinende Plackerei, die wenig Freude bereitet und einem mit der Zeit
die Zuversicht nimmt. Echte Pioniere eben, für die war ihre Reise

nach Westen auch keine Butterfahrt bei Sonnenschein und mit prickelndem Kaltgetränk in der Hand.

Wir sind frustriert. Denn eigentlich sehen wir uns als konsequente Menschen mit klaren Plänen und als erfolgreiches Team. Warum schaffen wir es dann aber nicht, bei den AJs für ruhigen Schlaf zu sorgen? Rat- und Hilflosigkeit machen sich breit. Sogar bei Carina. Ich erinnere mich noch gut an eine Nacht, wo sie, sonst der Fels in der Brandung und immer sehr abgeklärt, in den frühen Morgenstunden vollkommen aufgelöst und fast schon schreiend zurück in unser Schlafzimmer kommt. Am ganzen Körper zitternd liegt sie weinend neben mir im Bett. Wie von einer Tarantel gestochen fahre ich hoch und werfe mich als alter Judoka auf sie, nehme sie in einen Haltegriff, der sehr an einen Kesa-Gatame erinnert und rede ihr mantra-mässig ins Ohr, dass wir das hinbekommen, dass alles gut wird, dass wir das schaffen. Fünf Minuten später ist die Mutter wieder ruhig, bleiben noch die zwei weiter heulenden Zwillinge sowie ein Vater, der an seinen eigenen Worten gerade ziemliche Zweifel hat.

So kann das nicht weitergehen. Und es ist ein bisschen verflucht. Meine Arbeitskollegin, die auch Zwillinge hat, hatte nie grosse Schlafprobleme mit ihren Kindern. Unsere früheren Nachbarn, die im August Eltern von Zwillingen werden, haben das ganz grosse Los gezogen: Die beiden Jungs schlafen nahezu von Beginn an durch. Meine Schwester hat den einen Zwilling drei Nächte dosiert brüllen lassen, nachdem der andere nach einigen Monaten durchschlief und sich auch von mehrstündigem Brüllen seines Bruders nicht aufwecken liess. Sind wir die einzigen, deren Kinder beide nicht schlafen? Das Buch „Jedes Kind kann schlafen lernen", das uns damals bei Lilja sehr half, bietet für die Zwillingseltern kaum Hilfe. Da gibt es nur den Verweis, dass die favorisierte Methode auch bei Zwillingen funktionieren kann. Mit Betonung auf „kann".

Immerhin, ein Sammelband mit Geschichten verschiedener Zwillingsmütter zeigt uns dann, dass wir doch nicht allein sind. Es kann sogar noch deutlich schlimmer sein. Wir aber sind mittlerweile wirklich orientierungslos und schlingern vor uns hin. Zum Teil nimmt das Ganze groteske Züge an und erinnert mich an meinen Lieblingsfilm „Das Boot". Dort müssen sich Unteroffiziere und Mannschaft im U-Boot jeweils ihre Koje teilen. Das machen auch Carina und ich für eine gewisse Zeit. So steckt sie bis in die frühen Morgenstunden den AJs den Nuggi rein und beruhigt sie, dann kommt sie ins Gästezimmer, weckt mich, steigt in mein vorgewärmtes Bettzeug und ich übernehme die Wache für den Rest der Nacht. Das kann auch schon mal einige Nächte hintereinander so gehen. Was für ein Wahnsinn!

Und wir basteln und versuchen weiter, immer weiter, den Weg zum guten Schlaf für beide Kinder zu finden: Gitterstäbe ab, Gitterstäbe dran. Betten näher aneinander, Betten auseinander. Nuggi aktiv beim Einschlafen in den Mund stecken, die Ladies sich den Nuggi selbst in den Mund stecken lassen. Und so weiter. Bis zum April 2014, bis kurz vor dem ersten Geburtstag von Annika und Janina. Dann sieht der Schlaf-Pionier seinen persönlichen Pazifik am Horizont. Einfach ist es auch dann noch nicht. Aber zumindest schlafen die Kinder zunehmend gut in ihren eigenen Betten in ihrem eigenen Zimmer.

Der Logistik-Pionier

Wäre nicht Hartmut Mehdorn für den Bau des Berliner Flughafens verantwortlich, sondern meine Schwester, dann würden dort vor den Toren der deutschen Hauptstadt schon seit einiger Zeit die Flieger in alle Ecken der Welt abheben. Wie ich darauf komme? Meine Schwester hat sechs Kinder, ebenfalls keine Grosseltern um die Ecke, keine Haushälterin und kein Aupair. Kinder Nummer 5 und Nummer 6 sind Zwillinge. Ich weiss nicht, wie sie das alles schafft, aber sie ist ein Organisations-Wunder, das weder jahrelanger Schlafentzug, Noro-Viren oder diverse Spitalbesuche mit den Kids aus der Fassung bringen konnten und können. So gesehen wäre sie für mich prädestiniert, logistische Grossbaustellen zu übernehmen, bei denen alles so richtig im Argen liegt. Kurze Zeit später, davon bin ich überzeugt, würde der Laden wieder laufen.

Ja, Zwillingseltern sind Logistik-Profis. Würden DHL oder Amazon einen neuen CEO suchen oder wäre man auf der Suche nach einer Gesamtprojektleitung für die nächsten Olympischen Spiele, so müssten Zwillingsmütter oder -väter eigentlich die allerbesten Chancen haben. Denn sie bewähren sich jeden Tag aufs Neue als Chef-Logistiker. Sie organisieren, planen, koordinieren fast ohne Unterlass, müssen sich laufend mit Unwägbarkeiten, Ausfällen und totalen Kurswechseln auseinandersetzen und haben keine Alternative als immer weiterzumachen und dabei möglichst cool zu bleiben.

Soweit dieses Intro. Zugegeben, ich trage hier vielleicht etwas dick auf. Aber mein Votum ist klar: Zwillingseltern haben keine andere Wahl als Logistik-Profis zu sein. Und das nicht erst mit der Geburt, sondern schon in der Schwangerschaft.

Neben der Logistik-Leistung, auf die ich gleich noch genauer eingehen werde, kommt noch die Pionier-Leistung dazu. Als Carina und ich erfahren, dass wir Zwillinge bekommen, wissen wir nicht ansatzweise, was uns da erwartet. Die Erfahrungen mit Lilja zählen nur bedingt oder meistens gar nicht. Austauschmöglichkeiten sind begrenzt, Tipps & Tricks eher rar – trotz Zwillingszeitschrift, trotz Schwester mit Zwillingserfahrung.

Somit sind wir dann auch im Logistik-Bereich doch wieder so etwas wie die alten Pioniere, die gen Westen aufbrechen und nicht wissen, was sie jeden Tag neu erwartet. Ja, wir sammeln Erfahrung, und das täglich. Aber trotzdem stehen wir während des gesamten ersten Jahres als Zwillingseltern laufend vor logistischen Herausforderungen.

Was mich, beziehungsweise was unsere Zwillingsfamilie betrifft, so ist Carina ganz klar die Chef-Logistikerin. Sie hat den Überblick. Seit wir zusammen wohnen, vor allem aber seitdem wir eine Familie sind, habe ich es eigentlich noch nie erlebt, dass bei uns im Haus irgendein Produkt ausgegangen wäre oder sie einen wichtigen Termin übersehen hätte. Dazu weiss sie genau, wie sie was organisieren muss, um so effizient wie möglich zum Ziel zu kommen. Ich bin da ganz klar der bequemere Part, der eher bereit ist, mal etwas mehr Aufwand zu betreiben, etwas mehr als erforderlich zu zahlen oder Logistik-Fehler einfach auszusitzen. Aber auch für mich gilt:

Als Zwillingsvater wird das alles anders. Da habe auch ich keine andere Wahl mehr, als maximal organisiert zu sein.

Ein ganz wichtiger Teil von guter Logistik ist es, immer das eigene „Warenlager" im Blick zu haben. Mit Zwillingen braucht man von ganz Vielem einfach ganz viel. Da sind beispielsweise die Windeln. Eine einfache Überschlagsrechnung: Zwei Kinder brauchen im Schnitt fünf Windeln am Tag, das sind auf das Jahr gerechnet zusammmen 3'650 Windeln. Nehmen wir zur Sicherheit noch einen Puffer für Durchfall & Co., dann sind wir bei rund 4'000 Windeln jährlich. Bei Lilja haben wir damals noch verschiedene Marken getestet, sind dann aber doch beim teuersten Produkt, der Pampers, geblieben. Die hat einfach zu den wenigsten Malheuren und den am wenigsten wunden Hintern geführt. Jetzt sind Pampers aber aus unerfindlichen Gründen in der Schweiz selbst im Sonderangebot noch teurer als in Deutschland. Also gilt es Windelnachschub aus dem Norden zu organisieren. Das führt dazu, dass wir schon vor der Geburt der AJs den Freiraum unter dem gesamten Doppelbett im Gästezimmer mit Windeln in den Grössen 1-3 vollstapeln. Dazu türmen sich Feuchttücher, Trockentücher, Windeleinlagen usw., denn auch davon brauchen Zwillinge reichlich.

Dieser Verbrauch zieht sich auch durch viele andere Bereiche. Daher haben wir im Keller gleich palettenweise Fruchtbreie sowie unzählige Packungen Milchpulver und Getreidebreie. Und es ist immer wieder erschreckend, wie schnell all diese Dinge aufgebraucht sind. Aber eben, die Chef-Logistikerin hat das alles im Griff. Mir kommt die Rolle des Adjutanten und des ausführenden Elements zu. Eine Rolle, gegen die ich nichts einzuwenden habe. Denn wie schon oben erwähnt, es ist sicherlich die bequemere Rolle.

Trotz aller Unannehmlichkeiten, die das Nebeneinander von Job und Familie mit sich bringt, sind die ersten zehn Monate, was die Logistik betrifft, vergleichsweise einfach. Carina ist in dieser Zeit zu Hause, unter der Woche ist sie fünf Tage allein mit den Kids und organisiert die Heimatfront. Um uns wertvolle Zeitfenster zu schaffen, haben wir gewisse Aufgaben outgesourct. So leisten wir uns eine Putzfrau, denn mit Zwillingen auch noch ein ganzes Haus sauber zu halten, das wäre Wahnsinn. Und wir sind etwas weniger

„pingelig". Während ich sonst früher ein ziemlich gewissenhafter Freund von Abenden mit dem Bügeleisen vor dem Fernseher war, holen wir uns auch hier Zeit zurück, indem bis auf Oberhemden oder ein paar Stoffhosen nichts mehr gebügelt wird, sondern wir auf die glättende Körperwärme vertrauen und damit Polo- und T-Shirts oder Jeans den direkten Weg von der Wäscheleine in den Kleiderschrank finden. Mit solchen kleinen Kniffen versuchen wir, uns wo immer möglich das Leben zu vereinfachen. Und das gelingt uns gar nicht mal so schlecht.

Für mich wird es nach zehn Monaten als Zwillingsvater deutlich anspruchsvoller. Ab dann bin ich als Logistiker voll gefordert und muss mich beweisen. Carina arbeitet wieder. Zwar nur zwei Tage in der Woche, aber immerhin. Das „Heimchen am Herd" ist damit Geschichte. Und das ist auch gut so. Ich will ehrlich sein: Natürlich wäre es für mich einfacher gewesen, sie wäre mit den drei Kindern zu Hause geblieben. Bei drei Kindern fragt auch niemand mehr. Bei einem Kind und meistens auch mit zweien muss sich eine Frau rechtfertigen, wenn sie nicht zumindest Teilzeit arbeitet. Mit drei Kindern ist die rote Linie überschritten und eine Mutter, die arbeitet, erntet häufig genug Kopfschütteln. Doch Carina braucht die Arbeit als Ausgleich zur Familie. Das tut ihr gut und das tut damit auch mir und der Familie gut. Zwei Tage Arbeit bedeuten aber auch zwei Tage Krippe für die Zwillinge. Und es bedeutet für mich, dass ich mehr ran muss, dass ich mehr in die Organisation und Logistik der Familie eingebunden werde und im Job ein paar Abstriche machen muss. Aber das war immer klar. Darüber haben wir uns frühzeitig ausgetauscht. Und ich habe für mich den Anspruch, keiner von diesen Vätern zu werden, die den Müttern anfangs vollen Support zusichern, es sich dann aber in ihrer Rolle des Haupternährers sehr bequem machen und den vollen Logistik-Stress auf die Schultern der Partnerin laden.

Also bin ich ab März montags und mittwochs dafür verantwortlich, morgens ein kleines Mädchen für den Kindergarten, die Schweizer Vorschule, parat zu machen und zwei Babys anzuziehen, zu füttern und für die Krippe startklar zu machen. Oh ja, das ist nicht ohne – zumindest am Anfang stresst mich das ganz schön, vor allem, wenn nicht alles nach Plan läuft. Wenn beispielsweise Annika oder Janina nicht essen wollen, wenn die Grosse rumbummelt und fast zu spät das Haus verlässt oder wenn mir einfällt, dass ich später am Tag doch noch einen Kundentermin habe, für den ich einen Anzug anziehen und mich rasieren muss.

Zum Glück findet an diesen Morgen keine Puls- und Blutdruckmessung statt. Ich wäre definitiv ein Kandidat für einen ordentlichen Beta-Blocker gewesen. Aber gut, Übung macht den Meister. Und perfekte Organisation hilft ungemein. So bereiten wir an den Vorabenden wirklich alles vor, was möglich ist: Der Tisch ist so weit wie möglich gedeckt, die Kleider von allen fünf Schulzes liegen bereit, die Mahlzeiten der AJs sind bis auf heisses Wasser fertig. Liljas Kindergartentasche ist vorgepackt, die Maxi-Cosis sind aufgeklappt und die Gurte offen. Mit diesem „Setting" ist es morgens dann nach ein paar Testläufen zum warm werden und zum Optimieren für mich möglich, auch ohne halben Herzinfarkt den drei Damen einen guten Start in den Tag zu ermöglichen. Und mit der Zeit ist es wie mit dem Autofahren: Lenken, kuppeln, schalten macht man nicht mehr bewusst, das ist alles Routine, die Bewegungen sitzen. Nach ein paar Wochen ist das an meinen Montagen und Mittwochen morgens nicht anders.

Und auch wenn ich mich im Job noch mehr organisieren, wenn ich mit Kundenterminen jonglieren muss, damit sie nicht montags und mittwochs am Morgen liegen und auch wenn ich deutlich mehr an Abenden und Wochenenden arbeiten muss, so bin ich doch stolz, meinen Beitrag zu leisten, damit Carina wieder arbeiten kann, ohne sich völlig aufzureiben. Dadurch sind die Lasten, die das Leben als Zwillingsfamilie mit sich bringen, zumindest etwas gleichmässiger verteilt.

Fakt ist aber auch: Wenn mit drei Kindern beide Eltern berufstätig sein wollen, bleibt das immer ein rechter logistischer Akt, der nur gelingt, wenn man laufend mitdenkt, voll mit anpackt und beide bereit sind, Kompromisse zu machen. In unserem Fall schwingt immer das Bewusstsein mit, dass sich dieser Zustand des ständigen Organisierens die nächsten Jahre nicht ändern wird. Erst wenn die AJs mit vier Jahren den Kindergarten besuchen, werden wir unser

Arbeitsmodell wohl grundlegend anpassen können. Aber bis dahin werden wir jede Woche mehr Routine haben und immer wieder Stellschrauben finden, wie wir die Abläufe optimieren können.

Am ersten Geburtstag von Annika und Janina hat sich schon ein Grundmass solcher Routine eingestellt. So wie sich die Pioniere auf ihrem Weg nach Westen irgendwann daran gewöhnt haben, jeden Tag aufs Neue die Pferde zu satteln und den Wagen zu packen, finden wir unseren Weg in den Alltag, den richtigen Alltag. Klar, Unwägbarkeiten gibt es immer. Ob in Form von kranken Kindern oder kurzfristigen „heiligen" Kundenterminen. Wir müssen immer wieder neu improvisieren und es kommt auch ab und zu ein wenig Sand ins Getriebe. Aber wir kommen voran. Und das Wichtigste: Das von uns gewählte Familienmodell geht für uns alle auf. Niemand der fünf Schulzes bleibt auf der Strecke.

7
GRENZGÄNGER

In meinem ersten Jahr als Zwillingsvater habe ich immer wieder das Gefühl ein Grenzgänger zu sein. Ein Vater, der an seine Grenzen kommt, sich an Grenzen bewegt und diese manchmal auch überschreitet. Das hat aber nicht immer automatisch einen Absturz zur Folge. Manchmal kann es sogar bereichernd sein und Glücksgefühle auslösen.

Aber Zwillingsvater zu sein zwingt mich laufend dazu, mich anzupassen, neue Wege zu gehen und mir zu überlegen, wo sich diese verstecken könnten. Wie aufwändig sich das gestalten kann, habe ich ja schon in den Pionier-Kapiteln beschrieben. Aber es gibt auch noch andere Bereiche, in denen man wirklich Gefahr laufen kann, seine Grenzen zu überschreiten. Drei davon haben für mich im ersten Jahr als Zwillingsvaterbesondere Bedeutung gewonnen: meine Gesundheit, meine Arbeit sowie unsere finanzielle Situation.

Im ersten Zwillingsjahr komme ich körperlich immer wieder an meine Grenzen. Oder, in den Worten von Herbert Grönemeyer: „Ich fühl' mich leer und verbraucht, alles tut weh." Zwillinge zu haben bedeutet, dass der Drehzahlmesser sehr häufig und durchaus über längere Zeit im roten Bereich läuft. Ein Tag hat 24 Stunden, nicht selten dauern meine Arbeitstage bis zu 18 Stunden. Davon bin ich aber nur einen Teil im Büro. Auch zu Hause gibt es mehr als genug Arbeit, die mich körperlich fordert. Das Ganze kombiniert mit dem chronischen Schlafentzug kann recht mühsam werden.

Immer wieder gibt es Momente, in denen ich kraftlos bin und eigentlich keine Energie habe. Und dennoch spüre ich häufig gleichzeitig dieses grosse Verlangen nach Bewegung, nach Sauerstoff, nach körperlicher Betätigung. Schon mit nur einem Kind war für mich damals recht schnell klar, dass ich in Kombination mit meinem Beruf keinen Sport mehr machen kann, der organisiert an immer den gleichen Tagen beziehungsweise den gleichen Abenden im Team oder im Verein stattfindet. Für mich war das in Ordnung. Ich mag Teamsport zwar sehr, doch auch die individuelle Bewegung mit mir als einzigem „Gegner" macht mir Spass. Als dann die Zwillinge kommen, ich zu Hause deutlich stärker gefordert bin und sich die Zeitfenster für den Sport zunehmend schliessen, gibt es zum flexiblen Individualsport keine Alternative mehr. So verlagere ich mich voll aufs Laufen, Rad fahren und Schwimmen und kombiniere das im Idealfall auch noch mit dem Arbeitsweg. Die zehn Kilometer zwischen heimischer Haus- und Bürotür lassen sich gut mit dem Rad und durchaus auch joggend zurücklegen. Zudem befindet sich am Wegesrand ein Hallen- und Freibad; ideale Voraussetzungen also.

Momente der Mattigkeit gibt es mehr als genug. Und zwar ab der Geburt der AJs und eigentlich bis heute. Aber gegen die Müdigkeit hilft mir oft die Motivation via Smartphone. Eine Lauf-App und eine für Liegestütze erinnern mich daran, mich zu bewegen. Vermutlich ist das wieder so eine typische Sache für uns Männer: Wir müssen immer sehen, was wir erreicht haben. Und in diesem Fall bin ich ein totaler Stereotyp. Zu sehen, ob ich jetzt wieder einen neuen Liegestütz-Rekord oder eine neue Bestzeit auf dem Nachhauseweg erreicht habe, gibt mit Kraft und Energie. Und die Bewegung hilft mir vor allem während den ersten Monaten als Zwillingsvater: Zum einen macht eine halbe Stunde Sport deutlich wacher als zwei Tassen Kaffee. Zum anderen hilft eine gewisse Grundfitness, die täglichen Rennereien zu Hause besser zu bewältigen. Und die ganzen Bückereien. Während ich jetzt hier gerade schreibe, klopfe ich auf unseren Holztisch: Bis jetzt habe ich durch die Zwillinge noch keine Rückenschmerzen bekommen. Und das ist mit einigen lädierten Lendenwirbeln nicht ganz selbstverständlich.

Und dennoch: Gesundheitlich kommen Carina und ich im ersten Jahr mit den Zwillingen immer wieder an unsere Grenzen und überschreiten diese auch. Da ist beispielsweise der Magen-Darm-Infekt, der Ende August überfallartig während eines nächtlichen Stilleinsatzes zu uns kommt und für zwei Tage beide Eltern ausser Gefecht setzt. Früher, das heisst ohne Kinder, konnte ich in solchen Fällen noch die Tür hinter mir schliessen und den Tag oder auch mal zwei im Bett verbringen. Im Idealfall waren Mutter, Schwestern, Freundin oder Frau vor der Tür jederzeit parat, um mich zu versorgen. Jetzt warten stattdessen drei Kinder, die gewickelt, bekocht, unterhalten, die Zähne geputzt und ins Bett gebracht werden wollen. Ein echter Kraftakt, vor allem auch, wenn die Möglichkeit fehlt, die Kinder einfach mal für ein paar Stunden abzugeben. So wird während des Magen-Darm-Infekts der Gang zum nahegelegenen Supermarkt zum Marathonlauf und das ständige Treppensteigen im Haus bekommt etwas vom Aufstieg auf den Everest. Ich kann mich nicht dran erinnern, früher schon einmal morgens mit so starker Vorfreude auf das zu Bett gehen am Abend aufgewacht zu sein.

Wenig Schlaf ist nicht nur für das Nervenkostüm, sondern auch für das Immunsystem ungünstig. Und so ist es auch nur eine Frage der Zeit, bis mich im Herbst – die AJs sind gerade ein halbes Jahr alt – eine dicke Erkältung erwischt. Nichts Dramatisches, das Übliche eben: Husten, Schnupfen, Heiserkeit und erhöhte Mattigkeit. Aber in Kombination mit dem Dauereinsatz in Haus, Hof und Büro dauert es ziemlich lang, bis ich wieder richtig fit bin. Zudem bin ich in dieser Zeit eine weniger gute Stütze für Carina. Aufgrund meiner heftigen nächtlichen Hustenattacken schlafe ich im Gästezimmer und stöpsle mir die Ohren zu, um einigermassen gut zu schlafen. Bedeutet dann für Carina, dass sie nachts allein im Einsatz ist. Und natürlich fällt meine Erkältung in die Zeit, in der unsere Zwillinge die schwersten Durchschlafprobleme haben. Entsprechend sehen Carina und ich morgens aus, als hätten wir die Nacht direkt neben einem wummernden Schiffsdiesel verbracht.

Kaum ist die Erkältung überstanden, kommt mit dem Beginn der Weihnachtsferien und dem damit einhergehenden Abfallen des beruflichen Drucks gleich die nächste hinterher. Ist ja nichts Neues: Kann der Körper ein wenig runterfahren, wird er bei manchen Menschen anfällig gegenüber all diesen fiesen kleinen Erregern, die auf Türklinken oder in Klimaanlagen – oder in Kindergärten – lauern. In diesem Jahr gehöre ich dazu. Dabei muss ich zugeben: Sobald ich ein wenig kränkle, bin ich ganz schnell unausstehlich. Dann habe ich, wie eine Kollegin es so schön über uns Männer sagt, die „unheilbare, tödliche Männer-Grippe" und leide etwas mehr als tatsächlich angebracht ist. Und ich verfalle dabei gern auch in Selbstmitleid. Aber Selbstmitleid ist etwas, was Zwillingsmütter wiederum gar nicht gut vertragen und wodurch sie schnell ziemlich eklig zum ach so leidenden Zwillingsvater werden können. Kurz und gut, bei der zweiten Erkältung hatte ich im doppelten Sinn die Nase voll und warf mir Heiligabend bei Raclette und Fliessschnupfen einen richtig schönen Medikamenten-Cocktail ein. Dieser half sogar recht schnell. Drei Tage und drei fragmentierte Nächte später war ich wieder fit. Aber über eines muss man sich im Klaren sein: Zwillinge leeren jeden Akku, besonders in der Winterzeit. Und das bleibt nicht ohne Folgen für das Immunsystem von uns ach so sensiblen Zwillingsvätern.

Aber es ist gut zu wissen, dass auch solche Tiefen der Zwillings-Elternschaft irgendwann vorbeigehen. Und was auch hilft: Das Wissen, dass es einen auch noch härter hätte treffen können und sich selbst so etwas überleben lässt. Ich erinnere mich gut an die Weihnachtsferien vor ein paar Jahren, als sechs von acht Familienmitgliedern meiner Schwester vom Noro-Virus heimgesucht waren.

Die Vorstellung, so etwas mit unseren Zwillingen live zu erleben, führt bei mir jetzt noch zu Gänsehaut.

Wie sehr die Gesundheit einen aus der Bahn werfen, wie lange es einem richtig dreckig gehen kann, das bekommen wir später in der Wintersaison zu spüren. Doch was wir da als Familie durchmachen ist so haarsträubend und wohl auch nicht repräsentativ für Zwillingsfamilien, dass ich diesen Wochen ein eigenes Kapitel widme: „Rüdiger Nehberg", ein paar Seiten weiter hinten.

Gesundheit in einem anderen Zusammenhang: Sucht. Oder besser gesagt: vermeintliche Sucht. In den wirklich harten Phasen im ersten Jahr mit den Zwillingen erkenne ich neben dem schon beschriebenen Drang nach Bewegung zwei andere Formen von Suchtgefühl beziehungsweise Abhängigkeit. Gerade dann, wenn Schlaf wirklich Mangelware ist, ich im Job gefordert bin und es auch zu Hause mehr als nur zwei Hände voll zu tun gibt, spüre ich ein grosses Verlangen nach Zucker. Und zwar Zucker in Form von Süssigkeiten. Da geht abends, wenn die Girls alle im Bett liegen, regelmässig eine halbe Tafel Schokolade oder auch schon mal eine ganze „auf ex" weg, davor gab es im Büro am Morgen aber sicherlich schon ein süsses Brötchen und zwei bis drei Schokoriegel oder Mohrenköpfe am Nachmittag. Das fiese daran: Eine echte Befriedigung stellt sich nicht ein und Genuss ist es auch nicht. Aber dieser „Semi-Sucht" lasse ich einigermassen freien Lauf. Denn das Ganze schlägt sich nicht auf der Waage nieder. Vielmehr verliere ich in den ersten Monaten sogar konstant an Gewicht, trotz aller Zucker-Orgien. Aber das ist kein Wunder. Denn wer wenig schläft, der verbrennt einfach mehr Energie. Zudem erkenne ich schnell: Kaum sind die Nächte besser oder ich habe Ferien, ist die Sucht auch wieder weg.

Durchaus gefährlicher ist das Verlangen nach Alkohol beziehungsweise konkret nach Bier am Feierabend. Ja, ich trinke durchaus gern ab und zu Alkohol, doch habe ich hier immer schon sehr klare Regeln: Im Normalfall, also wenn es abends im Büro oder bei Kundenanlässen keinen Apéro gibt oder ich auswärts essen gehe, gibt es unter der Woche sowie am Sonntagabend keinen Alkohol. Diese Form der Abstinenz macht mir nichts aus und umso mehr kann ich dann einen schönen Schluck am Wochenende geniessen.

Aber genauso wie ich in den harten Zwillingszeiten Verlangen nach Süssem habe, verspüre ich abends, wenn wir „Freizeit" haben, fast genauso stark den Wunsch nach einem schönen kühlen Bier. Vermutlich hat mein Gehirn die entspannten Momente gespeichert, die es sonst in Gesellschaft eines kühlen blonden Gerstensafts gibt. Und es sendet dann die Botschaft: „Komm, Tillmann, öffne dir eine Kanne lecker Bier und du holst dir Entspannung pur!" Ganz ehrlich: Das erschreckt mich in diesen Momenten, wo dieses Verlangen nicht überwältigend, aber doch spürbar bei mir anklopft. Zwar habe ich genug Disziplin, um nicht nachzugeben beziehungsweise bediene mich einfach eines Tricks, indem ich mein Gehirn täusche und mir alkoholfreies Bier hole. Doch ich überlege mir, was wäre, wenn die Rahmenbedingungen sonst schlechtere wären. Was, wenn Carina und ich keine so stabile Beziehung hätten? Wenn ich im Job Probleme hätte oder sogar um meine Arbeit fürchten müsste? Wenn ich sonst gesundheitlich angeschlagen wäre? Würde ich dann in diesem ganzen Zwillingsstress genauso standhaft sein können und dem kleinen Kellner im Ohr, der mir ständig ein lecker Bierchen anpreist, immer noch die Tür vor der Nase zuschlagen?

Job

Ein ständiger Grenzgang ist für mich auch das Abwägen, wo ich meine Prioritäten in Bezug auf Zeit und Energie am besten setzen soll. Vor allem in den ersten Wochen nach meiner Rückkehr ins Büro fällt es mir schwer, einen guten Weg zwischen Familie und Job zu finden, der für alle, mich eingeschlossen, aufgeht. Kaum bin ich im Büro, sind meine Gedanken bei meiner Familie, vor allem dann, wenn ich eine übermüdete Mutter und/oder unzufriedene und/oder sich an mein Hosenbein klammernde Kinder zurücklasse. Und kaum bin ich zu Hause, sind meine Gedanken bei meinen Projekten, bei meinen Kunden und Kollegen. Ich kann von Glück sagen, einen Arbeitgeber zu haben, der mir schon mit der Nachricht, dass es Zwillinge geben wird, signalisiert, die Familie solle jetzt Priorität haben. Und dies auch in die Praxis umsetzt – und zwar ohne Ausnahme während des ganzen ersten Jahres. Und ich kann genauso von Glück sagen, dass ich keine fixen Arbeitszeiten habe und nicht Schicht arbeiten muss. Ganz ehrlich, unser „System Zwillingsfamilie Schulze" würde das nicht verkraften. Durch die fehlenden Grosseltern vor Ort ist es vor allem meine berufliche Flexibilität, mit der wir es immer wieder schaffen, den Sand aus dem Getriebe des Familienalltags zu holen.

Trotzdem dauert es einige Monate, bis ich meinen eigenen Rhythmus, eben dieses Gleichgewicht zwischen Familie, Job und mir selbst, finde. Aber ganz vermeiden lässt sich der manchmal schmerzliche Spagat zwischen diesen vielen verschiedenen Bedürfnissen nicht. Beispielhaft für die ständige Erfordernis, sich flexibel von Tag zu Tag auf die immer neuen Überraschungen einzustellen, die unsere AJs mitbringen, ist das regelmässige nächtliche Anpassen der Weckzeit am Morgen. Während ich früher standardmässig um 5:30 Uhr ein sanftes Läuten hörte, überlege ich mir in den nächtlichen Wachphasen, ob es Sinn macht, wirklich dann schon aufzustehen oder ob es nicht für alle das Beste wäre, noch eine Stunde oder mehr dranzuhängen. Das Ganze hängt zum einen davon ab, wie sehr Carina mich nachts braucht oder wie hart die Nacht für Carina ist und ob ich es mir terminlich leisten kann, am nächsten Morgen ein paar Stunden länger zu Hause zu bleiben, damit sie noch etwas „nachschlafen" kann. Und das lässt sich nun mal nicht schon beim Zubettgehen planen.

Aber irgendwann passt es dann für mich. Ich bin maximal flexibel: Ich verteile die täglichen 8.5 Stunden Arbeit schon mal auf die Zeit zwischen 8 und 24 Uhr, mal hier eine Stunde, mal hier zwei Stunden. Die Kollegen haben Verständnis und halten mir sensationell den Rücken frei, die meisten Kunden haben kein Problem, wenn ich mal eingeschränkt verfügbar bin. Zwar höre ich nach ein paar Monaten, ich würde etwas kraftlos wirken und die Freude, die ich ansonsten in meiner Arbeit anscheinend ausstrahle, wäre etwas verloren gegangen. Aber gut, wenn es sonst nichts ist. Und eben, es ist ja nur eine Phase. Aber Fakt ist auch: Die erste Zeit mit Zwillingen ist definitiv keine Basis für Karrieresprünge, das Betreten von beruflichem Neuland oder für das Erschliessen neuer Märkte. Und es ist auch kein Fundament, um von Individualtrips und anderen Formen der Selbstverwirklichung zu träumen. Zumindest dann nicht, wenn keine ständige Betreuung in Form von Grosseltern, Nanny oder Aupair vor Ort ist. Schliesslich ist es auch mein expliziter Wunsch als Vater, einen rechten Teil dazu beizutragen, meine Zwillinge „live" und nicht nur an Wochenenden wachsen und gedeihen zu sehen. Ich sehe es nicht als meine alleinige Aufgabe an, darum besorgt zu sein, das Konto zu füllen. Wobei ich auch schon beim nächsten Thema bin: den Finanzen unserer Zwillingsfamilie.

Geld

Zum Grenzgänger kann eine Zwillingsfamilie auch in finanzieller Hinsicht werden. Zwillinge zu haben bedeutet zunächst auch ganz ordentlich zu investieren, zumindest bei uns ist das so. Unser schöner Einlings-Kinderwagen: unbrauchbar. Unser praktischer Kombi: unbrauchbar. Und den Rest immer schön doppelt: Maxi Cosi, Kinderstühle, Betten, Schlafsäcke ... Die Liste ist endlos und hört wohl erst auf, wenn die Kinder eines Tages das Haus verlassen und ihr eigenes Geld verdienen. Aber gut, das sind Investitionen, die man bis auf Auto und Kinderwagen ganz gut mit gebrauchten Sachen aus dem Familien- oder Freundeskreis abfedern kann. Und es gibt zum Glück genug Secondhand-Börsen mit gebrauchtem Kinder-Equipment in gutem Zustand und zu fairen Preisen. Zumindest in den ersten Jahren und wenn man nicht den Anspruch hat, dass beide Kinder immer gleich angezogen sein und das Gleiche besitzen müssen. Anders dann die Sache mit der externen Kinderbetreuung. Zugegeben: Immer wieder blicken wir ein wenig bis sehr neidisch zu unseren Freunden nach Deutschland, die es sich leisten können, ihre Kinder so viele Tage extern betreuen zu lassen wie sie wollen, die eine Elternzeit finanziert bekommen (bei Zwillingen sogar eine doppelte) und dabei noch als Familie wochenlang Ferien machen können.

Ich bin nicht der Meinung, dass das deutsche System in seiner heutigen Form das richtige ist. Vielfach bekommen auch solche Eltern Unterstützung, die diese absolut nicht brauchen. Und wenn ich sehe, welch hoher Standard in der Krippe herrschte, die unsere Grosse fast vier Jahre lang besuchte, und zum Vergleich die Angebote in deutschen Grossstädten sehe, dann bin ich gern bereit, dafür auch einen angemessenen Preis zu zahlen. Wenn nun aber beide Eltern gern arbeiten möchten und man bei drei extern betreuten Kindern ein ordentliches Minusgeschäft macht, dann läuft in meinen Augen etwas gewaltig schief. Diesbezüglich steckt die Schweiz noch in den Kinderschuhen. Grosse Teile des Landes befinden sich noch im tiefsten, finstren Mittelalter; in ein paar Zentren ist man immerhin schon im Zeitalter der Aufklärung angekommen. Hier liegt ein ganz grosser Denkfehler in der Schweizer Gesellschaft vor. Aber das ist ein anderes Thema.

Man soll mich nicht falsch verstehen, wir haben nie den Rappen spalten müssen. Aber seit wir Zwillinge haben, ist das Thema Geld deutlich präsenter als früher und wir rechnen bedeutend mehr. Zwillingseltern sollten sich immer bewusst sein, dass es durch zwei Kinder aufs Mal laufend Kosten gibt, die doppelt anfallen. Da gilt es dann ganz einfach Prioritäten zu setzen.

Auf der anderen Seite bin ich froh, nicht im Geld zu schwimmen, wenn ich folgende Geschichte höre: Im Büro einer Freundin gibt es einen Vater von zwei kleinen Kindern. Er ist immer gut gelaunt, sieht blendend aus, hat jede Zeit für Beruf, Sport und Freunde. Irgendwann fragt ihn unsere Freundin, wie denn die Zauberformel lauten würde, um trotz Doppelbelastung durch Job und Familie immer so entspannt zu sein und vor allem für alles immer genug Zeit zu haben. Die Zauberformel setzt sich aus den Komponenten „Kinder-vier-Tage-in-der-Krippe" und „Sieben-Tage-Nacht-Nanny" zusammen. Ich kann es kaum glauben: eine Nacht-Nanny? Die von 20 Uhr abends bis 7 Uhr morgens Nuggis in Münder steckt und Milchflaschen anrührt? Wahnsinn! Was es nicht alles gibt. Aber so neidisch ich auf der einen Seite auf diesen Vater und seine Zeit im Überfluss bin, so sehr tut er mir doch leid. Denn das wahre Vatersein, zu dem es in meinen Augen auch gehört, sich zurückzunehmen und für seine Kinder möglichst viel tagsüber und auch in der Nacht da zu sein und Pflichten zu übernehmen, das geht an diesem Vater vorbei. Und er wird vermutlich nie die enge Beziehung zu seinen Kindern haben, die ich mir aufbauen kann.

Fazit: Als Zwillingsvater bin ich klar ein Grenzgänger und werde es wohl auch einige Zeit noch bleiben. Aber die Tatsache, dass wir das erste Jahr mit den AJs ohne die ganz grosse Grenzüberschreitung und ohne Absturz gemeistert haben, stimmt mich zuversichtlich. Und fest steht auch: Gelernt haben wir eine Menge.

8

FEIERBIEST

Ich mag Fussball. Und ich mag deutschen Fussball. Gespielt habe ich selbst nie. Mit Ausnahmen: die Bolzplätze von Grundschule und Gymnasium sowie das Fussball-Team meiner Firma. Doch vor ein paar Jahren sah mich Carina bei einem Firmen-Match auf dem Rasen, mit Joggingschuhen und daher dauernd am Rutschen, dazu ungelenk und mit reiner Kraft spielend, ähnlich einem Carsten Jancker damals um die Jahrtausendwende. Da bekam ich von ihr „Fussballverbot". Kommentar: „Ich brauche einen Vater, der noch einen Kinderwagen schieben kann. Und das, was ich da auf dem Platz sehe, ist grauenvoll." Gut, das war ehrlich. Und es war ein Verbot, das ich gern akzeptierte, da es mich wenig schmerzte. Es schmerzte vielmehr, wenn die Teamkollegen zögerten, einem den Ball zuzupassen, da sie wussten, dass ich ihn eh sofort wieder an den Gegner verliere oder einfach total verhaue.

Aber Fussball passiv, also im Stadion oder vor dem Fernseher, das ist für mich eine wunderbare Sache. Einen Lieblingsverein habe ich nicht. Aber manche Vereine mag ich mehr und andere weniger. Bayern München mag ich weniger. Die sind mir zu lange schon viel zu erfolgreich. Dominanz langweilt. Ob Federer oder die Klitschko-Brüder, irgendwann nervt es, immer die gleichen oben auf dem Treppchen zu sehen. Da mache ich bei den Bayern keine Ausnahme. Aber eines muss man den Münchnern lassen: Im Dunstkreis der Rot-Weiss-Blauen entfalten immer wieder recht illustre Personen ihre ganze exzentrische Kraft. Ob der „Kaiser", „Tiger" Effe, ein Giovanni Trappatoni mit seiner „Flasche leer", der vollkommen verklärte Loddar oder der Beruf-Motzki Matthias Sammer. Das hat dann schon mal sehr hohen Unterhaltungswert.

Besonders hoch war dieser für mich in der Ära von Louis van Gaal. Er führte Bayern 2010 zum Double, also Meisterschafts- und Pokalsieg und kam in der Champions League ins Finale, wo Bayern gegen Inter Mailand scheiterte. Aber das ist soweit nichts Besonderes, vielmehr das Mindeste, was man an der Säbener Strasse erwartet. Mit diesen Ergebnissen stach van Gaal also nicht hervor. Dafür aber mit seiner Persönlichkeit: Unnahbarkeit, Arroganz mit Hang zum Diktatorischen. Die Tatsache, dass seine Töchter ihn siezen mussten, spricht für mich Bände. Entsprechend spassbefreit müssen das Training und das Spielen, natürlich das Verlieren aber vermutlich auch das Gewinnen unter Louis van Gaal gewesen sein. Während man sich bei einem Jürgen Klopp sogar vorstellen könnte, dass er zusammen mit seinen Spielern nach einem grossen Sieg sternhagel-besoffen im Whirlpool voller Inbrust alle Strophen von Biene Maja singt, so diagnostizierte man bei van Gaal schon ein Feuerwerk an Emotionen, wenn einmal einer seiner Mundwinkel ein paar kleine Grade nach oben ging.

Umso erstaunlicher dann dieser für mich unvergessliche Auftritt nach dem 33. Spieltag vor der Presse. Bayern hatte gerade vorzeitig die deutsche Meisterschaft gewonnen. Dort gab ein ungewöhnlich gelöster Louis von Gaal bekannt, er sei ein „Feierbiest". Und was das bedeutet, zeigte sich kurze Zeit später, als er durchaus bierselig auf dem Balkon des Münchner Rathauses die frenetischen Fanmassen auf dem Marienplatz einpeitschte und anschliessend mit dem völlig überraschten Münchner Oberbürgermeister Christian Ude im Arm ungelenk hüpfend mit dem für ihn typischen knallroten Kopf über den Balkon tanzte.

Feierbiest – diese Wortschöpfung hatte es mir damals angetan. Ein sensationeller Begriff. Beim ersten Hören verbinden viele damit vermutlich irgendwelche halbnackte amerikanische College-Studenten, die während des Spring Break eine Woche lang party-technisch Vollgas geben. Oder an die Auswüchse unkontrollierter Peinlichkeiten in den Tanzschuppen von Partyinseln wie Mallorca. Dort, wo eher etwas einfach gestrickte Einpeitscher wie Mickie Krause oder Jürgen Drews regieren und diverse abgehalfterte Botox-Sternchen und C-Promis als ausgeschiedene Produkte diverser Casting-Shows hoffen, von der RTL2-Kamera eingefangen zu werden.

So, das war jetzt ganz schön viel Text, bei dem man vergeblich nach einem Bezug zum Dasein als Zwillingsvater sucht. Aber das ist auch gut so. Denn auch als Zwillingsvater gibt es immer wieder Momente, in denen man seine Familie in Gedanken hinter sich lässt und mit Begeisterung andere Dinge tut. Und genau darum geht es auch in diesem Kapitel.

Für mich steht Feierbiest für mehr als das, was van Gaal in München zeigte. Für mich ist es der perfekte Begriff, um zu beschreiben, dass es nach Zeiten der Zurückhaltung, der Kontrolliertheit, ja vielleicht sogar der Askese, ganz wichtig ist, sich im richtigen Moment die Freiheit zu nehmen, einfach mal nur an sich zu denken, im Moment zu leben und unbeschwert zu geniessen. Eingeschlossen der Option, am Ende zu einem richtigen Feierbiest gemäss der oben genannten van Gaalschen Definition zu mutieren. Das ist dann aber halt nur eine Option, ein „kann", kein „muss". Für mich gibt es auch stille, introvertierte Feierbiester.

Und auch während des ersten Lebensjahrs unserer Zwillinge gibt es doch immer wieder Momente, wo die Feierbiester das Zepter schwingen.

Carina und ich bezeichnen uns immer mal wieder als „Sozialtierchen". Wir haben gern Leute um uns, laden gern ein, gehen gern zu anderen, feiern gern. Bevor wie Eltern wurden, waren wir immer ganz gut beschäftigt mit unseren Freunden, unseren Familien und Bekannten. Jeder hatte seinen eigenen Kreis und wir hatten eine schöne, grosse Schnittmenge. Durch die Geburt von Lilja kam es zu einer rechten Zäsur, die zu Beginn aber vor allem Carina betraf. Ein Kind konnte die stillende Mutter abends einigermassen problemlos allein schaffen. Und da sich Lilja mit einer ausgewachsenen, nicht zu brechenden Vehemenz gegen eine väterliche Versorgung mit Flasche und Milchpulver sträubte, waren meine Radien nach Feierabend in den ersten Monaten nach der Geburt zumindest nicht per se eingeschränkt. Abendessen nach einer Klausur der Firma, Feierabendbierchen mit Kollegen, Männerwochenende mit meinem Trauzeugen – alles lag drin. Und nachdem Carina abgestillt hatte, konnte auch sie ihre abendlichen Aktivitäten deutlich ausweiten. Erst für ein paar Stunden, später auch über Nacht. Das mit dem gemeinsam über Nacht weg sein haben wir allerdings nie hinbekommen. Auch jetzt, nach gut fünf Jahren, haben wir noch nie eine Nacht zusammen ohne unsere Kinder verbracht. Lilja übernachtet jetzt zwar immer mal wieder gern bei Freundinnen oder ihren Paten, aber da gibt's ja jetzt bei uns noch die Zwillinge ...

Unsere wiedergewonnene Feierfreiheit wird durch die Geburt von Annika und Janina nicht von Hundert auf Null runtergefahren. Während Carinas Schwangerschaft sind wir grundsätzlich noch mobil. Doch Carinas Lust am Nachtleben oder an längeren Auszeiten mit ihren Ladies hält sich aufgrund von Übelkeit, Müdigkeit und später der durch den Bauch deutlich eingeschränkten Bewegungsfreude zunehmend in Grenzen. Ich selbst bin in der Schwangerschaft nur indirekt betroffen. Ich hätte noch alles tun und lassen können, doch ich beschränke mich auf das Nötigste. Denn mit dem Wissen um eine abends völlig zerschlagene Frau, die ab 20 Uhr von ihrem Bett wie magisch angezogen wird und einer zunehmend Selbstbewusstsein und damit Mut zu Widerworten tankenden Dreijährigen, kommt so etwas wie ein schlechtes Gewissen auf, wenn ich eigentlich noch gern um die Häuser ziehen würde. Doch ich „leide" nicht darunter. Und es gibt Gestaltungsspielräume, die ich nutze. Denn wir sind uns schon während der Schwangerschaft bewusst: Sind die Zwillinge einmal bei uns, werden die Einschränkungen noch grösser. Also gilt es, im Vorfeld noch ein wenig Freiraum und damit ein wenig Feierbiest „zu tanken".

Ein Feier-Highlight während Carinas Schwangerschaft ist für mich der „Boot-Abend". Ein Relikt aus Teenager-Zeiten, als wir noch alle Schüler waren und viel zu viel Zeit hatten. Da traf sich mehrfach im Jahr immer die gleiche Mannschaft, um sich die Fünfeinhalb-Stunden-Fassung des Klassikers „Das Boot" bei Pizza und Bier auf VHS anzuschauen. Angelehnt an die „Feuerzangenbowle", wo zum Beispiel beim gemeinschaftlichen Schauen ein Wecker im Raum klingelt, hatten wir ebenfalls unsere Kult-Akte: Das Tragen von Feinripp-Unterhemden war Pflicht, als Martin Semmelrogge zusammen mit Herbert Grönemeyer einen Schnaps auf ex trinkt, taten wir das auch und als der Herr KaLeu (steht für „Kapitän-Leutnant") den LI (gesprochen „Ell-Iih", steht für „Leitender Ingenieur") fragt, ob er eine Stulle will, liegen die Stullen parat.

Kultverdächtig, zelebriert von Halbwüchsigen. Aber mit nachhaltiger Wirkung. Denn nach langer Pause ist es mein fester Entschluss, nun, rund zwanzig Jahre später, wieder so einen Herren-Abend zu machen. Gut, statt VHS gibt es DVD, statt Röhren-TV einen ordentlich dimensionierten Flatscreen und im Gegensatz zu Mitte der Neunzigerjahre ist jetzt tatsächlich Bartwuchs vorhanden. Aber sonst ist alles gleich: nur Männer, Bier, Pizza, Feinripp. Das Ganze ist in keiner Weise exzessiv, aber unterm Strich leben wir sechs damals nur im Moment, denken weder an den Morgen noch an Frauen und Kinder. Und das tut richtig gut. So sind wir in diesen Stunden dann in gewisser Weise auch Feierbiester.

Bis zum Schluss von Carinas Schwangerschaft versuchen wir noch so viel Sozialleben wie möglich und durchaus ein paar Feiern mitzunehmen. Ein Brunch hier, ein Kaffeetrinken dort, selbst eine Hochzeit in den Bergen liegt noch drin. Und immer haben wir das Ziel, dass unsere Grosse ihren vierten Geburtstag feiern und in vollen Zügen geniessen kann. Uns ist klar: Sicher ist das nicht. Denn ob wir mit unseren Zwillingen in die Sphären von 30 Schwangerschaftswochen und mehr kommen, bleibt die ganze Zeit völlig offen. Aber Lilja hätte uns wirklich leidgetan, wenn ihr sehnlichst seit 364 Tagen herbeigesehnter Geburtstag unter der bevorstehenden oder schon stattgefundenen Geburt ihrer beiden Schwestern untergegangen wäre. Aber wir erreichen den 18. April, feiern einen Tag lang unsere Grosse, leben an diesem Tag nur für sie und geniessen es alle noch mal in vollen Zügen. Da gibt es gleich drei Feierbiester in der Schulze-Familie.

Mit der Geburt der Zwillinge muss ich in den ersten Wochen und

Monaten mein Leben als Feierbiest ein wenig anders definieren und ausgestalten. Einladungen zu grösseren Festen gibt es einige, sogar ein sehr guter Freund von mir heiratet. Doch wir sagen alles ab. Auch die Option, dass nur ich gehe, gibt es nicht. Zu sehr ist Dienst an der Zwillingsfront angesagt. Im Gegensatz zur ersten Zeit mit Lilja braucht mich Carina mit vollem Einsatz zu Hause. Also gibt es nach Klausuren kein Abendessen mit den Kollegen mehr, das Feierabendbier mit Freunden findet ohne mich statt, die Kino-Gang, die sich sonst regelmässig zu bleihaltigen und sinnbefreiten Filmen trifft, muss ohne mich im flauschigen Kino-Sessel Platz nehmen.

Und auch die Feier-Kondition leidet. Durch den Schlafentzug in Kombination mit fehlenden „Trainingsmöglichkeiten" vertrage ich schon bald eigentlich kaum noch Alkohol. Will ich in den Nächten nicht völlig in den Seilen hängen und einen gefühlt unendlich harten Kampf gegen die bleierne Müdigkeit führen und damit Carina sauer machen, da sie mich nicht gebrauchen kann, gilt: abends nicht mehr als ein 0,5er-Bier oder ein Glas Wein. Tests, ob sich die Lage für mich bessert und die alte Kondition zurückkommt, verlaufen für mich in der Regel desaströs. Die Quittung sind böse nächtliche Kommentare von Carina und ein harter Morgen für mich.

Aber auch hier gilt: alles nicht so schlimm. Und wenn ich Feierbiest wirklich so definiere, dass es darum geht, einfach den Moment zu geniessen, abzuschalten und nicht gross denken zu müssen, so gibt es auch mit Zwillingen reichlich Momente, wo das Biest in mir feiern kann.

Für Anfang Mai hatte ich mich eigentlich für den StrongmanRun am Nürburgring angemeldet. Wem der Event nichts sagt: Bei diesem Lauf quälen sich rund 12'000 Menschen über 22 km über Autoreifen, durch Matschgruben und über Wassergräben. Der Grossteil ist verkleidet. Ein Riesenspass in meinen Augen und ich hatte den Lauf schon im Sommer 2012 fest ins Auge gefasst und mich zusammen mit einem Arbeitskollegen angemeldet. Durch die Schwangerschaft und den Termin der Zwillingsgeburt wird es dann nichts mit der Reise in die Eifel. Für mich logisch, trotzdem ärgerlich. Also schaue ich mich nach der Diagnose „schwanger" und dem Bekanntwerden des ungefähren Geburtstermins nach Vergleichbarem in direkter Nähe um: Der Zürich-Triathlon bietet sich an. Und die „Volksdistanz", bei der man 500 Meter schwimmen, 20 Kilometer Rad fahren und 5 Kilometer laufen muss, ist auch dann zu schaffen, wenn man nicht mehrfach in der Woche trainiert. Also melde ich mich für dieses Rennen an, das rund zwei Monate nach der Geburt von Annika und Janina stattfindet.

Einen Tag vorher zweifle ich noch sehr, ob ich überhaupt teilnehmen kann und habe das Ganze innerlich schon abgehakt. Denn die Zwillinge haben sich durch die Klimaanlage unseres Autos erkältet und ich verbringe zwei Nächte hintereinander zur Hälfte sitzend mit einem Kind auf dem Arm, da sie ihren Schnodder in der Nase noch nicht selbstständig runterschlucken können. Entsprechend gerädert sehe ich mich zu Vielem in der Lage, aber definitiv nicht dazu, einen Triathlon zu bestehen, dazu noch den ersten in meinem Leben. Aber dann geht es den beiden schnell besser und ich habe am Samstagmorgen, an dem der Wettkampf stattfindet, rund sechs Stunden nur für mich. Nur schwimmen, Rad fahren und laufen. Nicht denken, einfach im Moment sein. Die Familie ist in diesen Stunden weit, weit weg. Ein schlechtes Gewissen habe ich deswegen nicht. Denn schon am Nachmittag bin ich mit dicken Oberschenkeln wieder zurück an der Zwillingsfront. Doch der Triathlon tut mir gut. Er zeigt mir, dass es neben den Kindern noch ein Leben voller Bewegung gibt. Das motiviert.

Ein paar Wochen später feiert das Biest in mir dann ganz anders, ganz in Stille. In der Zwischenzeit haben wir es geschafft, die Zubettgehzeit der AJs von 22:30 Uhr auf ca. 20:00 Uhr nach vorn zu ziehen. Es ist Hochsommer und entsprechend warm draussen, als gegen halb neun auch Lilja im Bett liegt und Carina sich zwecks Vorschlafen vor dem ersten Still-Slot ebenfalls verabschiedet. So bin ich allein und habe Zeit. Zeit für mich. Die letzten Wochen kannte ich dieses Gefühl gar nicht. Jemanden anrufen? Arbeiten? Fernsehen? Lesen? Nein, all das ist mir zu viel. Ich will Ruhe und mit meinen Gedanken allein sein. Also greife ich mir einen Liegestuhl und lege mich auf die Terrasse. Die Nachbarn sind in den Ferien. Vor mir eine grüne Wand aus Buchenblättern, über mir Sterne, um mich herum Stille, neben mir ein kühles Bier. Ich mache es mir bequem und öffne die Flasche. Geniesse den ersten Schluck. Lasse meine Gedanken treiben. Diese führen mich zu den Ereignissen seit dem 1. Mai. Zum ersten Mal habe ich das Gefühl, gewisse Dinge reflektieren und einordnen zu können. Sanft greift ein Gedanke in den nächsten. Kein Zeitdruck, keine Erwartungen, kein schlechtes Gewissen. Einfach durchhängen und den Moment geniessen. Mit Neugierde den nächsten Gedanken erwarten. Irgendwann ist mein Bier leer, die Stille umgreifend, ich schlafe ein. Es mag paradox klingen, aber dieser Abend ist für mich eine kleine aber prächtige und nachhaltig wirkende Feier. Eine Feier, mit der ich einen wieder-gewonnenen Freiraum und Platz für mich selbst würdige.

Mit zunehmendem Alter von Annika und Janina werden die Zeitfenster, die ich für mich allein habe, grösser. Nachdem wir es geschafft haben, Lilja im August davon zu überzeugen, dass sie mit viereinhalb Jahren schon gross genug ist, um nach zwei Wochen Papi-Begleitung allein in den Kindergarten zu gehen, kann ich mor-gens endlich wieder früher ins Büro. Und mit zunehmender Routine und zunehmend einfachen Kindern reicht es auch aus, wenn ich erst gegen 18:00 Uhr abends wieder zu Hause bin. Diese längeren Zeiten im Büro schaffen dann wiederum Freiräume für kleine Feiern. Diese stehen bei mir eigentlich immer in Verbindung mit Sport und Bewe-gung. So liegt es jetzt wieder drin, über den Mittag kurz schwimmen zu gehen oder abends vom Büro aus nach Hause zu joggen. Diese Zeitfenster sind kaum länger als eine Stunde. Doch sie beweisen mir einmal mehr, dass es auch mit den AJs und mit dem Anspruch, für die Familie da zu sein, ein Leben neben den Zwillingen gibt. Das tut gut. Und entsprechend feiere und geniesse ich jedes dieser Zeitfenster.

Nach und nach schaffen es Carina und ich auch wieder, ein klein wenig Zeit nur für uns zu haben. Meine Schwester ist die erste, die es sich im Juli zutraut, die AJs und Lilja gleichzeitig zu versorgen und zu bespassen. Für uns sind das neunzig Minuten „quality time", die für Spaziergänge und ein Eis reichen. Im Oktober kommt das erste Mittagessen zu zweit dazu, im Dezember das zweite. Ja, der Wechsel vom Stillen auf mehr und mehr Brei-Mahlzeiten entlastet

Carina von ihrem 24-Stunden-Job und das kommt uns als Paar zu Gute. Diese Momente saugen wir auf, sagen uns, dass es davon nur mehr und nicht mehr weniger geben wird. Das hilft.

Und im Dezember, die Zwillinge haben nun siebeneinhalb Monate geschafft, befinden wir uns wieder in so ruhigen Fahrwassern, dass das Feierbiest mal wieder so richtig auflaufen kann. Die Weihnachtsfeier meiner Firma steht an. Diese Feier ist legendär, sie beginnt um 16:30 Uhr und um zwei Uhr morgens muss die Geschäftsleitung jedes Mal der bei bester Laune feiernden Masse mit unbarmherzigem Neonlicht das jähe Ende des Geschäftsjahres verkünden und das Bürogebäude räumen. Ich liebe diese Feiern, sie sind etwas ganz Besonderes. Carina weiss das. Und darum bekomme ich für diese Feier auch einen „Freibrief" in punkto nächtlichem Einsatz und morgendlichem Ausschlafen. Diesen nehme ich gern an und nutze ihn. Wie schon in früheren Jahren packe ich am Morgen auf dem Weg ins Büro Isomatte und Schlafsack ein. Ich fühle mich an diesem Tag ziemlich platt, die Nacht war wieder einmal sehr fragmentiert. Und der Jahresabschluss mit all seinen zusätzlichen administrativen Arbeiten hängt mir in den Knochen. Doch ich kenne das schon von den Vorjahren und ich weiss auch, dass im Verlauf des Abends „die zweite Luft" kommt, der Akku noch mal das Letzte an Energie rausholt, die er in sich hat. Entsprechend ist die Familie an diesem Abend ganz weit weg und ich mache das, was man zünftiges Feiern nennt. Bis dann halt in den frühen Morgenstunden dieses besagte gleissende Neonlicht kommt und ich dem verbliebenen, harten Kern der noch feiernden Kolleginnen und Kollegen schöne Weihnachten wünsche. Ein wenig später lege ich mich gewappnet mit zwei grossen Flaschen Wasser in meinen Schlafsack ins Büro und bin in diesem Moment sehr froh, in dieser Nacht nicht zu Hause und in Hörweite meiner immer wieder aufwachenden Zwillinge schlafen zu müssen.

Der nächste Morgen ist durchaus hart, aber nicht katastrophal. Auch wenn diese Nacht ebenfalls wieder kurz war, war sie auf andere Weise kurz. Und der exzessive Tanz mit dem Feierbiest hat sich gelohnt. Meine Freude über den gelungenen Abend, gepaart mit innerer Ruhe und der Vorfreude auf 16 freie Tage findet aber ein jähes Ende, als ich zu Hause die Haustüre öffne: Carina begrüsst mich unerwartet schroff. Hinter ihr liegt eine totale Katastrophennacht. Sie kommt auf zusammen zwei Stunden Schlaf. Na wunderbar! Willkommen zurück im Alltag der Zwillingsfamilie!

Ich würde jetzt gern von unserem grossen Fest erzählen und mich ein wenig aufgrund meiner Kopfschmerzen bemitleiden lassen. Aber ich weiss genau: Carina fände das jetzt gar nicht lustig, sie ist so richtig geladen und hat unsere Zwillinge mehrfach verwünscht. Also reisse ich mich am Riemen, suche mir still eine Kopfschmerztablette und sehe zu, dass ich diesen Tag irgendwie mit frischer Luft und starkem Kaffee zu Ende bringe. Das gelingt gut und schlussendlich zuckt bei mir immer wieder ein kaum sichtbares Lächeln über die Lippen. Zu gut hat es getan, das Ventil zu öffnen und das Feierbiest einen Abend und eine halbe Nacht lang ungebändigt aus seinem Käfig zu lassen.

9

RÜDIGER NEHBERG

Hatten wird nicht alle in unserer Jugend irgendwelche Idole? Da gab es die richtigen Promis auf der Titelseite der Bravo, irgendwelche Musik-Sternchen oder Fussball-Götter. Billy Idol, Nena, vielleicht auch Boris Becker als Star-Schnitt in Lebensgrösse. Bei mir war es Rüdiger Nehberg. Nie gehört? Gut, ich gebe zu, Nehberg ist kein Knight Rider und kein Angehöriger des A-Teams, auch kein Lothar Matthäus. Man kann ihn kennen, muss man aber nicht.

Rüdiger Nehberg war vor vielen, vielen Jahren einmal Konditor. Damals kannten ihn wohl nur die Menschen aus seinem Umfeld, die auch seine Torten und Teilchen verspeisten. Doch dann machte Rüdiger Nehberg etwas ganz anderes. Nehberg wurde zum Freak, zum liebenswerten Freak. Er lief beispielsweise zu Fuss von der Nordsee bis zu den Alpen – ohne Geld, ohne Ausrüstung, jegliche Zivilisation meidend. Dabei schlief er unter Brücken und ass Käfer. Aber er schaffte es, wenn auch mit fünfzehn Kilo weniger Gewicht im Ziel. Oder er querte dreimal den Atlantik, um auf ein bedrohtes Indianervolk in Brasilien aufmerksam zu machen. Dazu wählte er als Fortbewegungsmittel mal einen Einbaum, dann ein Tretboot und schliesslich ein Floss. Dabei ist Folgendes zu bedenken: Rüdiger

Nehberg wird seekrank, sobald er ein Schiff auch nur betritt. Oder, im Jahr 2000, machte er ein Wettrennen gegen einen Ultra-Läufer mit High-Tec-Equipment und einen Aborigine. Das Ziel: den australischen Kontinent zu Fuss zu queren. Nehberg gewann zwar nicht, aber er kam immerhin durch – im Gegensatz zum High-Tec-Sportler mit GPS.

Mit solchen Aktionen abseits der Norm machte sich Rüdiger Nehberg einen Ruf als „Sir Vival", als sympathischer wie auch durchgeknallter Überlebenskünstler. Und mit diesen Abenteuern wurde er mein Held in Teenie-Tagen. Ich besass damals alle seine Bücher, lauschte gebannt seinen Dia-Vorträgen, versuchte ihm im Alter zwischen 15 und 25 als fanatischer Outdoorer wann immer möglich nachzueifern.

Zu einem „Nehberg light" werde auch ich mit den AJs. Unsere Zwillinge machen mich zu einem kleinen Überlebenskünstler. Wenn ich auf das erste Jahr mit Annika und Janina zurückblicke und mir überlege, welches die härteste Zeit ist, wo es vielleicht nicht wirklich ums nackte Überleben, aber einfach nur ums Durchhalten unter widrigsten Umständen geht, dann sind das der gesamte Februar und die erste Märzhälfte 2014. Die beiden kleinen Damen sind damals rund zehn Monate alt.

Unsere Grosse fängt sich Anfang Februar im Kindergarten einen Infekt ein. Nichts Schlimmes, einfach eine „Schnoddernase", also einen ordentlichen Schnupfen, und etwas Husten. Während unsere beiden Schlumpfbären bis dato gegen Keime weitgehend resistent sind, ist dieser Schutzwall irgendwann durch zu viel Spielen und Kuscheln mit der grossen Schwester durchbrochen und es kommt wie es kommen muss: Annika und Janina werden zum ersten Mal so richtig krank.

Unter der Woche jagt eine schlimme Nacht die nächste. Am Freitag bittet mich Carina, früher von der Arbeit zu kommen, da die Zwillinge erhöhte Temperatur haben und zunehmend anstrengend werden. Zudem fühlt sich jetzt auch Carina schlechter. Lilja ist einigermassen bei Kräften, aber trotzdem weiterhin angeschlagen.

Es folgen Tage, die dazu führen, dass Carina und ich nach und nach wirklich auf dem Zahnfleisch gehen. Tagsüber haben wir zwei, manchmal auch drei quengelnde bis heulende Kinder, die nicht gut schlafen und die zunehmend schlecht essen. Das könnten wir ja noch meistern, es ist ja Wochenende. Aber dann die Nächte. Alles vorher an fragmentierten Nächten Erlebte ist nichts gegen diese nicht enden wollenden Stunden der Finsternis. Da liegen wir brutto zehn Stunden im Bett, schlafen davon vielleicht aber nur vier bis fünf – und das auch nur in Etappen, verdammt kurze Etappen. Dazu haben wir Zwillinge, die akute Panikattacken haben, da sie versuchen, am Nuggi zu saugen, um sich zu beruhigen, und dabei durch die völlig verstopften kleinen Nasen keine Luft mehr bekommen. Was wünschen wir uns in diesen Momenten sehnsüchtig eine zweite und eine dritte Lilja, die ganz einfach nie einen Nuggi genommen hat und dadurch völlig unproblematisch auf „Mundatmung" umstellte, wenn oben alles dicht war. Da gab es keine Panikattacken, da war unser Schlaf wunderbar unberührt.

So aber versuchen wir, teilweise mit stoischem Gleichmut, teilweise am Rande der Verzweiflung, unsere Zwillinge durch diese Nächte zu bringen. „Ach, hätten wir doch nur ein Kind!", dieser Gedanke kommt mir während dieser Zeit oft, sehr oft sogar. Dann könnten wir uns wenigstens abwechseln. Aber so, mit zwei kranken Kindern, die x-fach in der Nacht aufwachen und sich zeitweise über Stunden gar nicht mehr zum Schlafen bewegen lassen, muss sich jedes Elternteil ein Kind schnappen, in jeweils ein Zimmer verziehen und dann das gesamte in neun Monaten gelernte Repertoire an Geduld und Einschlaftricks durchziehen. Zumeist mit mässigem Erfolg, manchmal mit gar keinem Ergebnis – ausser Flüchen, die sich vor allem gegen das Leben als Zwillingseltern richten. Aber rückblickend verwundert mich das gar nicht. Wenn ich daran denke, dass ich beim Wiegen des Kindes auf dem Arm bis 500 zähle, sicher bin, dass es schläft, es sanft auf das Bett gleiten lasse, nur damit es Bruchteile einer Sekunde später die Augen aufreisst und die Alarmanlage anschmeisst, gehe ich auch heute nicht mit mir ins Gericht, dass ich in diesen Nächten mehrmals die Fassung verliere und das Kind mit einer vollen Ladung nicht unbedingt jugendfreier Flüche bedecke. Zwar tut es mir sofort leid, wenn es dann irgendwann doch völlig entkräftet mit schnarchenden Rotzgeräuschen in den Schlaf fällt, aber die Ruhe, mit der Carina solche Situation zumindest gegenüber dem Kind meistert, die bekomme ich einfach nicht hin. Sollte Annika also in zehn Jahren eine Vorliebe für Fäkalsprache entwickeln, liegt der Grund dafür in ihrer ganz, ganz frühen Kindheit und ist begründet im schwer beschädigten Nervenkostüm ihres schlaflosen Vaters …

Das Wochenende macht uns völlig platt und am Montagmorgen kann ich nicht arbeiten gehen. Carina ist am Ende, hustet und schnieft wie verrückt. Also kurzfristig eine Abwesenheitsmeldung ins Büro schicken, Lilja für den Kindergarten parat machen und dann schauen, dass die drei verbleibenden, schwer angeschlagenen Schulze-Girls irgendwie zu Kräften kommen. Aber auch ich bin müde und ausgelaugt, die Nerven liegen blank. An diesem Morgen schaffen wir es nicht, unsere Rolle als Eltern von kranken Zwillingen nüchtern und pragmatisch zu akzeptieren. Wir giften uns an, werden unfair zueinander, es fliessen bei beiden die Tränen. Und echte Entlastung ist keine in Sicht. Beim Spazierengehen schütten wir einer Nachbarin das Herz aus. Ihre Antwort: „Ja, meine Katze war jetzt auch krank. Ich habe mir solche Sorgen gemacht." Mit Müh und Not können wir uns beherrschen und lassen die Nachbarin ganz knapp nicht wissen, wie egal uns ihre Katze ist. Ja, die Nerven liegen blank.

In den folgenden Tagen schalte ich in den Nehberg-, den Überlebens-Modus. Ich streiche alle nicht unbedingt erforderlichen beruflichen Termine, gehe so spät wie irgendwie möglich ins Büro und arbeite zumeist abends und bis in die Nacht hinein. Mich hat es nicht erwischt! Ich bin überzeugt: Mit ein wenig Beissen und einer Prise „Sir Vival" kommen wir schon wieder zurück auf Kurs. Am Mittwoch muss ich den ganzen Tag auf die halbe Schweiz verteilte Kundentermine wahrnehmen. Carina, die weiterhin deutlich angezählt ist, bleibt mit den kranken AJs allein zu Hause. Das Ergebnis: Am Abend ist Carina völlig am Ende. Es geht gar nichts mehr. Wir senden einen Notruf zu meinen Schwiegereltern ab. Und die beiden sagen zu, am Wochenende zu kommen. 600 km Autofahrt, um in einem Lazarett Dienst zu leisten. Was für ein Einsatz! Und für uns ein Hoffnungsschimmer am Horizont.

Am Freitag spüre ich dann leichten Husten, der am Samstag zunimmt. Eine leichte Erkältung denke ich, das macht doch nichts. Doch schon am Samstagabend bin ich richtig platt. In der Nacht kommt Schüttelfrost, morgens gegen sechs Uhr muss ich Annika, neben der ich geschlafen habe, an Carina übergeben. Ich bin kurz davor umzukippen. Eine Stunde später ist eine Ärztin da, sie stellt 40° C Fieber fest. Und die restlichen Symptome machen es klar: Ich habe mir die Grippe eingefangen, die richtige Grippe.

Keine Stunde zu früh kommen am Mittag die Schwiegereltern und während der vier Tage, die sie bei uns sind, schaffen sie es, zumindest Carina soweit wieder den Akku zu laden, dass sie die Heimatfront auch allein ausreichend stabilisieren kann. Was würden wir in diesen Momenten darum geben, dass die beiden im Nachbardorf wohnen. Oder zumindest in einem Umkreis von ein bis drei Stunden Autofahrt. Doch Träumereien können sich Zwillingseltern nicht leisten.

Und ich? Ich komme mir vor wie ein Aussätziger, wie einer der Lepra-Kranken, die im Mittelalter mit einem Glöckchen um den Hals durch die Städte gingen, damit die anderen Menschen gewarnt waren, dass sich da eine hoch-infektiöse Person durch die Strassen quält. Denn der absolute GAU wäre es, wenn sich jetzt noch eine meiner vier Frauen ebenfalls mit der richtigen Grippe anstecken würde. Also laufe ich im Haus nur mit Schutzmaske rum und desinfiziere mir jedes Mal die Hände, wenn ich nur einigermassen in die Nähe der anderen Familienmitglieder komme. Meine Mahlzeiten nehme ich „auf Befehl" meines Schwiegervaters an einem anderen Tisch ein. Puh, das frustet.

Diese Massnahmen, die man in der Fachsprache als „social distancing" bezeichnet, wirken zwar, doch mit der Zeit lasten sie schwer auf mir. Es ist hart, richtig hart, die eigene Frau und die eigenen Kinder nicht einmal in den Arm nehmen zu dürfen. Ich spüre einen regelrechten Entzug. Umso mehr, als ich die meiste Zeit der Tage in unserem eher dunklen Schlafzimmer sitze oder liege, ohne Ende Schlafanzüge und Bettdecken nassschwitze und schaue, dass ich trotz Smartphone und Zeitungen vor Langeweile nicht vergehe. Nach vier Tagen brechen die Schwiegereltern wie gesagt wieder auf und pünktlich dazu bricht bei mir eine Mittelohrentzündung aus. Diese wird von einem Arzt auch noch falsch behandelt und er übersieht zudem eine aufkeimende Lungenentzündung. Ich nehme wirklich alle Symptome mit, die es bei einer richtigen Grippe so gibt. Zudem bringen unsere Zwillinge direkt aus den Eingewöhnungstagen in der Krippe einen Magen-Darm-Infekt mit, der an mir natürlich auch nicht vorübergeht. Was für ein Scheiss – im wahrsten Sinne des Wortes!

Meine vier Frauen sind in der Zwischenzeit zwar alle wieder voll und ganz gesund, doch die Wochen als Influenza-Patient machen es mir unmöglich, nachts an der Zwillingsfront tätig zu sein. Carina leistest Unglaubliches. Nacht für Nacht kümmert sie sich nun um beide AJs und gibt ihr Bestes, damit ich nicht gestört werde. Das Ganze trifft dann auch noch mit den ersten Tagen, an denen sie wieder arbeitet, zusammen. Völlig übernächtigt heisst es für sie von Null auf Hundert zu kommen und 8.5 Stunden netto zu arbeiten. Wahnsinn! Sie hat bis heute meinen ganz grossen Respekt für das, was sie in diesen Wochen leistet.

Ich selbst würde gern mehr machen, doch Influenza & Co. haben mich so im Griff, dass ich einfach nicht kann. Und das ist nicht das Verhalten eines Hypochonders, der die „tödliche Männer-Grippe" hat.

Es ist hart für mich, immer wieder eine fix-fertige Carina zu sehen, die sich nichts sehnlicher wünscht als zwei gut schlafende Zwillinge und vor allem einen gesunden Mann, der sie unterstützt und zumindest ein bisschen entlastet. Aber bei mir wird es nur in Mini-Schritten besser und es gibt diverse Rückschläge. Hinzu kommen Phasen, in denen ich am liebsten davonlaufen würde. So beispielsweise in den Stunden massiver Ohrenschmerzen, in denen es einfach die Hölle ist, wenn man von zwei nörgelnden oder gar schreienden Babys umgeben ist und dazu noch eine Vierjährige kommt, die längst noch nicht genug Feingespür hat, um zu erkennen, dass sie jetzt nicht laut singen oder gieksen soll. Für Lilja ist es schwer zu akzeptieren, dass ich richtig krank bin und damit ein ganz anderer Vater als vorher, als ich noch gesund war. Schliesslich habe ich keinen Gips oder keinen Verband – für Kinder ein klares Krankheitszeichen.

Immerhin: Ich habe zu den Mahlzeiten einen Haufen Tabletten vor mir. Bis zu fünf Kapseln gleichzeitig muss ich mir einwerfen, gefühlt steht die halbe Basler Pharma-Branche geschlossen hinter mir, um mich wieder gesund zu machen. Ein wenig hat das für mich etwas von der Schwarzwald-Klinik aus den 8oern, als Pfleger Mischa den Patienten im fortgeschrittenen Alter ihre grossen und kleinen bunten Pillen ans Bett brachte. Statt Mischa ist es bei mir Lilja, die liebend gern ihr „Ämtli" erfüllt, indem sie dafür verantwortlich ist, mir meine Chemiekeulen aus der Packung zu drücken und auf den Teller zu legen. Die Gewissenhaftigkeit mit der sie dies tut, ist einfach süss. Genauso wie sie mir in den ersten Tagen, in denen ich noch Fieber habe und fast ausschliesslich im Bett liege, jeden Tag ein „Gesund-werd-Bild" malt oder etwas bastelt. Zudem kommt sie immer wieder leise an mein Bett, um mich zu fragen, ob ich noch etwas brauche. In solchen Momenten ist klar: Es kann einem noch so dreckig gehen, solche Momente gibt es nur mit Kindern. Solche Momente sind einfach unvergesslich schön.

Ganz im Gegenteil zu den Momenten, in denen ich mich etwas fitter fühle und wieder einen aktiven Beitrag zum Familienleben leiste. Da füttere ich unsere Zwillinge, die mittlerweile schon wieder erkältet sind und die Rotze läuft beinahe non-stop aus ihren Nasen. Kaum komme ich mit dem Löffel, starten sie in Bruchteilen einer Sekunde völlig unkoordinierte Armbewegungen, der Brei vom Löffel landet im Gesicht und die Kinder sorgen dafür, dass er eine unheilvolle Allianz mit der Rotze eingeht. Dieses Gemisch findet sich dann im ganzen Gesicht, in den Haaren und in den Augen. Wobei dies wiederum zu wutentbrannten Brüll-Attacken führt, begleitet auch mal gern von Niesattacken, die Brei und Rotze in einem Radius von zwei Metern verteilen. All das wäre schon im gesunden Zustand nur schwer zu ertragen. Ordentlich angezählt spüre ich in solchen Momenten regelmässig einen verdammt grossen Fluchtinstinkt und das Bedürfnis diese Keim-Hölle hinter mir zu lassen.

Aber auch diese unglaublich harten Wochen finden ein Ende. Nach der dritten Antibiotika-Therapie haben die Ärzte endlich den richtigen Weg gefunden, die Grippe-Symptome gehen weg, die Ohrenschmerzen lassen nach und die Kraft kommt zurück. Pünktlich zum ersten richtigen Frühlingswochenende mit viel Sonne und Temperaturen über 15 °C haben wir es geschafft und geniessen jeden der warmen Sonnenstrahlen als Zeichen dafür, dass es wieder aufwärts geht.

Am Ende bin ich fast vier Wochen krankgeschrieben und es sind wirklich freudige Momente, als ich dann wieder mein Büro betrete. Ein paar Kollegen heissen mich sogar mit Handschlag willkommen ...

Aber kaum ist der Vater fit, fangen sich die Zwillinge schon wieder etwas ein. Beide haben wieder dicke Rotznasen, Fieber kommt, die Nächte werden für Carina und mich wieder bitter. Wir kennen das. Und anstatt den ersten Tag wieder 100 % zu arbeiten, bin ich dann doch wieder zu Hause und passe auf zwei ordentlich angezählte Kinder auf. Lerne leiden ohne zu klagen. Selten passte dieses Sprichwort besser als in diesen Zeiten.

Schaue ich auf diese Wochen zurück, so würde ich sie gern aus meiner Erinnerung streichen. Aber sie zeigen mir auch: In Zwillingseltern steckt ganz schön viel Energie. Vor allem, wenn es keine Alternativen gibt. Wir haben zwar zum Glück vier Tage die Schwiegereltern als tolle Unterstützung, dazu gab es Freunde, die uns für halbe Tage Lilja abnehmen oder mir kraftlosem Kerl beim Kinderwagen schieben helfen. Aber am Ende müssen wir als Eltern und muss vor allem Carina das Ganze schultern und meistern. Und dass wir das schaffen, das macht uns schon auch stolz.

Vergleiche ich diese insgesamt fünf Wochen mit den Survival-Touren von Rüdiger Nehberg, muss ich einfach sagen: „Rüdiger, mit dir habe ich kein Mitleid! Deine Qualen durch Seekrankheit, Hunger oder blutige Füsse hast du dir alle selbst ausgesucht. Niemand hat dich dazu gezwungen." Ein deutlicher Unterschied zum „Influenza-Überlebenskampf" eines Zwillingsvaters, den ich sehr, sehr unfreiwillig führe.

Und doch, etwas verbindet Rüdiger Nehberg und mich: Nachdem der ganze Scheiss einmal durchgestanden ist, kommt wieder dieses Lächeln zurück ins Gesicht. Die Freude darüber, es geschafft zu haben, dass ich es trotz vieler (Selbst-)Zweifel gepackt habe und trotz aller harten Momente auch viel Positives mitnehmen kann. So erlebe ich beispielsweise ganz nah, wie Annika anfängt zu krabbeln und ihre Umgebung zu erkunden. Ich bin dabei, als Janinas erster Zahn rauskommt. Aber ich darf auch feststellen, wie toll mich meine Kollegen bei der Arbeit unterstützen und, für sie völlig selbstverständlich, einen Grossteil meiner Aufgaben übernehmen.

Und so haben diese härtesten Wochen in meinem ersten Jahr als Zwillingsvater auch ihre guten Seiten. Das stimmt mich zuversichtlich. Klar, vergleichbare Momente werden wieder kommen. Aber zum einen werde ich es nie mehr versäumen, mich gegen die Influenza impfen zu lassen. Zum anderen werden unsere AJs dann grösser sein. Und damit – so meine Hoffnung – wird es künftig nur noch einen Überlebenskampf der Kategorie „Nehberg für Anfänger" für mich als Zwillingsvater geben. Und mit den jetzt gemachten Erfahrungen sollte ich diesen ja wohl locker bestehen – wenn es sein muss auch über zwölf Runden. Zu Boden werde ich – das nehme ich mit ganz fest vor – zumindest nicht gehen!

10
TRIPLE-GEWINNER

Für mich war immer klar: Eines Tages möchte ich Familie haben. Natürlich gibt es kein Recht darauf. Aber für mich war es eine Selbstverständlichkeit. Etwas, das ich nie hinterfragt habe. Dass es da einige Komponenten gibt, die zusammenpassen müssen, damit diese Familie eines Tages auch tatsächlich zustande kommt, das wurde mir erst klar, als ich das Studium abgeschlossen und den ersten Job in der Tasche hatte.

Die Frau, mit der ich diese Familie gründen wollte, fand ich mit Ende Zwanzig. Erster Schritt getan. Umso besser, dass sie die gleiche Vorstellung für die gemeinsame Zukunft hatte: Auch Carina wollte glücklicherweise keinen Hund, sondern eine Familie. Und auch mehr als ein Kind. Zweiter Schritt geschafft. Allerdings gab es zu Beginn doch eine deutlich unterschiedliche Sichtweise bei uns beiden: Während für Carina immer klar war, dass sie nicht mehr als zwei Kinder haben möchte, war ich einigermassen „nach oben offen". Mit zwei Schwestern ist auch die Familie meiner Eltern für heutige Verhältnisse überdurchschnittlich, gute Freunde von mir haben drei beziehungsweise vier Brüder und meine Schwestern haben zusammen neun Kinder. Das prägt. Zudem habe ich das grosse Glück, dass meine Familie bis heute völlig intakt ist. Allen

Quoten zum Trotz: Meine Eltern feiern bald ihren 50. Hochzeitstag und meine Schwestern sind auch heute noch mit den Vätern ihrer Kinder verheiratet. Von daher konnte ich mir, als Carina und ich anfingen, uns über Nachwuchs zu unterhalten, sehr gut vorstellen, auch drei oder vier Kinder zu haben.

Aber je länger wir in der Schweiz lebten, umso klarer wurde mir, dass auch mein Favorit die klassische vierköpfige Familie ist. In meiner „Gesamtkostenrechnung", die neben dem Kinderwunsch auch die Betreuungssituation vor Ort, Carinas und meine eigenen beruflichen Pläne, unsere Zufriedenheit als Paar, meinen persönlichen Freiheitsdrang sowie unsere finanzielle Situation umfasste, kam ich zu dem Schluss, dass zwei Kinder wirklich die beste Option für uns beide wären.

Nun ja, es kam anders. Das habe ich schon ausführlich beschrieben. Und ich habe auch schon reichlich dazu gesagt, dass die Tatsache, jetzt Zwillinge und damit drei Kinder zu haben, einige Einschränkungen mit sich bringt. Auf der anderen Seite will ich aber auch keinen Hehl daraus machen, dass ich heute durchaus stolz bin. Stolz, Vater von drei Kindern zu sein. Und ich hege durchaus auch Sympathien für den Gedanken, eben nicht die klassische vierköpfige Familie zu haben und sowohl allein schon mit den Zwillingen als auch mit drei Kindern etwas aus der heutigen gesellschaftlichen schweizerischen oder deutschen Norm zu fallen.

Es kann ziemlich nerven, wenn man durch die Stadt oder am See entlang läuft und jeder zweite Spaziergänger meint, einen Blick in den Kinderwagen ergattern oder einen Kommentar loswerden zu müssen. Aber auf der anderen Seite habe ich selbst in diesen Momenten immer wieder das Gefühl, etwas Besonderes geschaffen und erreicht zu haben: Ich habe das Glück, mit drei gesunden Kindern draussen unterwegs zu sein, ihnen die Welt zu zeigen, die frische Luft, das Leben zu geniessen. Ich fühle mich deswegen nicht besser. Aber irgendwie schon besonders. Und ich glaube dieses Gefühl haben alle Zwillingseltern – verbunden mit positiven wie negativen Assoziationen.

Eine weitere Differenz bei unserer Familienplanung gab es im Hinblick auf den Abstand zwischen Lilja und ihrem angedachten

Geschwisterchen. Bevor wir Kinder hatten, war ich einer von der Fraktion, die folgende Ansicht vertritt: Möglichst rasch das Ganze durchziehen! Also die „klassischen" zwei Jahre Abstand zwischen den Kindern. Für Carina hingegen war immer klar: Vier Jahre Abstand sind ideal. Denn dann ist die „Nummer 1" schon aus dem Gröbsten raus, bevor „Nummer 2" seine beziehungsweise ihre Aufmerksamkeit fordert. Ich fand den Abstand anfangs eigentlich zu gross, aber da Carina die Person war, die mehr von ihrem alten Leben aufgab, um sich in den Dienst der Familie zu stellen, konnte ich mich damit arrangieren. Hauptsache kein Einzelkind! Da wartete ich doch gern etwas länger.

Da das erste Jahr mit Lilja dann aber so überaus anstrengend war, konnte ich mich viel schneller als jemals gedacht mit dem Gedanken anfreunden, Carinas Vorstellung zu übernehmen und ebenfalls die vier Jahre Abstand zu favorisieren. Und im Nachhinein muss ich sagen: Das war eine sehr, sehr weise Entscheidung. Lassen wir die Option, dass wir keine Zwillinge bekommen hätten, einfach mal aussen vor, sondern tun wir so, als hätten wir die Zwillinge mit zwei Jahren Abstand zu Lilja bekommen. Diese Vorstellung lässt mich – ganz ehrlich – schaudern. Denn dann hätten wir drei unselbstständige Kinder gehabt, und zwar über eine sehr, sehr lange Zeit. Mit vier Jahren ist Lilja bei der Geburt ihrer Geschwister hingegen wirklich im perfekten Alter: Weit genug, um sich beispielsweise allein anzuziehen und sich ein Brot – weiche Butter vorausgesetzt – allein zu schmieren. Verständnisvoll genug, um zu akzeptieren, dass die Mutter keine Zeit hat, wenn sie stillt und dass wir sie auch dann noch lieb haben, wenn wir nicht immer mit ihr kuscheln, wenn sie das möchte. Clever genug, um sich zurückzuziehen, wenn ihr die Schwestern zu laut oder ganz einfach zu viel werden. Patent genug, um den Nuggi in einen schreienden Kindermund zu stecken oder beim Tischdecken zu helfen. Und gleichzeitig noch klein genug, um sich noch zusammen mit ihren Schwestern auf die Spieldecke zu legen, mit diesen die irrsten Phantasiespiele zu spielen oder mit den beiden Schwestern auf allen Vieren unser Zuhause zu erkunden.

Wir haben grosses Glück, Lilja legt nie richtige Eifersuchts-Dramen an den Tag. Es gibt keine Missachtung der Mutter, es gibt keine körperliche Ablehnung der Zwillinge geschweige denn Aggressionen. Am Anfang sind die beiden ihr fast schon zu langweilig, sie schlafen tagsüber ja nur und machen meist keinen Pieps. Doch nach und nach entwickelt sich Lilja zu einer richtig stolzen grossen Schwester, die morgens Annika und Janina strahlend begrüsst, sie beim Aufbruch in den Kindergarten fest drückt und abends die beiden Schlumpfbären mit einem dicken Gute-Nacht-Kuss ins Bett schickt.

Für uns ist es vor allem zu Beginn unserer Zeit als Grossfamilie eine rechte Herausforderung, im Bewusstsein, dass Lilja jetzt vom Thron der alleinigen Aufmerksamkeits-Prinzessin gestürzt ist, für sie noch ausreichend Zeit aufzubringen. Aber wir versuchen zumindest einige Rituale wie das abendliche Vorlesen immer bei-zubehalten und ihr zu zeigen, dass sie weiterhin etwas Besonderes ist – und immer bleiben wird. Denn sie ist ja jetzt die Grosse. Wie sehr Lilja die Zeit der alleinigen Aufmerksamkeit, vor allem die von Carina, dann doch fehlt, zeigt sich, als die beiden nach rund fünf Monaten einmal allein für einige Stunden in ein nahegelegenes Einkaufzentrum fahren. Lilja wird während der ganzen Zeit nicht müde, zu wiederholen, wie toll sie es findet, mit Carina allein etwas zu machen. Für uns bestätigt dies einen Tipp, den wir in einer Zwil-lingszeitschrift gelesen hatten: Wir wollen künftig versuchen, dass beide Eltern einzeln mit jedem Kind zumindest an einem Tag im Jahr etwas ganz allein machen. Das sind dann sechs Tage im Jahr Einzelbetreuung. Das klingt nach nicht so viel, aber anscheinend sind dies für die Kinder Momente, die sie unglaublich geniessen und nicht vergessen. Also wollen wir versuchen, dieses Vorhaben umzusetzen.

Für Lilja ist die neue Familien-Konstellation schon nicht ohne. Da ist sie vier Jahre lang klar die „Nummer 1". Und dann kommt gleich doppelte Konkurrenz. Und ich bin mir sicher, eines Tages wird sie noch ziemlich sauer auf ihre Schwestern sein und die beiden wahrscheinlich regelmässig am liebsten aus dem Haus jagen. Das erste Jahr aber sind die AJs einfach nur zwei wirklich liebe Schwes-tern. Erst schlafen sie nur, dann liegen sie nur rum, dann robben sie und lassen sich von der grossen Schwester tragen und in einem speziellen Wagen, der eigentlich für Kuscheltiere gedacht ist, von ihr durch die Gegend fahren. Wie lebendige Puppen halt. Doch irgendwann, da bin ich mir sicher, da kommt die Zeit, wo die AJs ihr Sachen wegnehmen, liebevoll aufgebaute Playmobil-Feen-Arrangements mit gleichgültiger Destruktivität zerstören, Lego-Paläste auseinandernehmen oder ihr die letzte Scheibe Salami am Abendbrottisch wegessen werden. Dann wird es zur Sache gehen – vor allem, wenn die beiden Kleinen sich eines Tages gezielt gegen die Grosse verbünden und sie so richtig piesacken werden. Ich bin gespannt auf den Tag, an dem wir ernst machen werden und Lilja ihr grosses Zimmer an die AJs übergeben muss, damit sie ein kleineres bekommt. Das wird noch einiges pädagogisches Feingespür von uns fordern, keine Frage.

Aber unterm Strich finde ich es ganz einfach klasse, dass Lilja kein Einzelkind geblieben ist. Und ich finde es toll, dass die AJs nicht nur sich allein haben. Sondern auch eine Schwester in einem anderen Alter. Eine Schwester, die anders aussieht als sie und von der sie so manches lernen können. Und eine Schwester, die ihnen später meinetwegen auch Tipps gibt, wie man zu spät nach Hause kommt, ohne dass die Eltern es merken oder so geschickt Süssigkeiten nascht, dass es nicht auffällt.

Eines ist klar: Langeweile wird es auf meinem „Ponyhof" auf viele Jahre hinaus wohl nicht geben. Auch wenn ich mir bewusst bin, dass da auf mich als einzigen Mann vor allem in ein paar Jahren ein paar nette Herausforderungen warten. Denn wie formulierte es ein Kollege so schön schonungslos direkt: „Tillmann, freu dich schon auf die Zeit in zehn Jahren. Während du deine Midlife-Crisis durchlebst, sind deine drei Töchter alle in der Pubertät und deine Frau in den Wechseljahren – wenn das mal kein Grund zur Vorfreude ist!"

Eine klare Ansage, und ehrlich gesagt graust mir tatsächlich ein wenig bei diesem Gedanken. Aber wer weiss, vielleicht sind die drei Girls in ihrer „Findungsphase" ja zurückhaltend und strebsam – auch wenn ich mir schon wünsche, dass sie ein paar Ecken und Kanten entwickeln werden und diese auch behalten.

Wie auch immer die nächsten Jahre sein werden, fest steht: Ich habe nun drei Kinder und es bleiben drei. Schon bevor wir wussten, dass wir Zwillinge bekommen werden, war für uns klar, dass wir nach der damals angedachten „Nummer 2" Nägel mit Köpfen in Sachen Familienplanung machen. Ich wäre bereit für eine Vasectomie gewesen. Für mich eine logische Konsequenz, denn es hätte für mich keinen Sinn gemacht, wenn Carina sich die nächsten Jahre weiter mit Hormonen vollpumpt. Und andere Verhütungsformen als die Pille wären uns einfach zu unpraktisch gewesen. Und da ein paar Freunde und Kollegen diesen Schritt schon vollzogen haben, ihre Männlichkeit darunter nicht gelitten hat, und der Eingriff überschaubar ist, wäre das Ganze für mich die einzig richtige Lösung gewesen. Da es dann aber zwei Kinder aufs Mal wurden und ein Kaiserschnitt für uns gesetzt war, nutzte Carina die Gelegenheit, bei ihr dafür sorgen zu lassen, dass es mit dem Kinderbekommen definitiv zu Ende ist. Wobei, was bedeutet schon definitiv?! Gemäss dem im zweiten Kapitel erwähnten Professor, der unsere Zwillinge holte, liegt die Wahrscheinlichkeit jetzt bei 1:12'000, noch einmal schwanger zu werden. Aber ich befasse mich beruflich mit Risikoeinschätzungen. Und 1:12'000 ist deutlich seltener als ein grosses Erdbeben mit verheerenden Folgen hier im Grossraum Zürich. Zwar immer noch häufiger als der Absturz eines Grossraumflugzeugs genau auf mein Haus oder ein Kernkraftwerkunfall in der Schweiz. Aber ganz egal: Dieses Risiko gehen wir jetzt ein. Kommt es anders, werden wir sehen. Für uns aber gilt jetzt, hier und heute: Familienplanung abgeschlossen. Und wie sehr diese abgeschlossen ist, das wird mir immer wieder bewusst, wenn ich derzeit Schwangere sehe. Vermutlich hängt es auch damit zusammen, dass ich rückblickend weder Carinas Schwangerschaft mit Lilja noch die mit den AJs als besonders tolle Zeit empfand. Zu viel Unruhe, zu viele Sorgen. Die rundum glückliche Schwangere mit den leuchtenden Wangen gab es bei uns nicht. Jetzt geht mir bei Babybäuchen eigentlich nur eines durch den Kopf: „Macht ihr mal, viel Spass dabei. Ich drück euch die Daumen, dass alles problemlos läuft." Den Schwangerschaftskram hatte ich schon zweimal. Reicht mir. Fertig, Ende, aus.

Beim ganzen Stress im ersten Jahr mit den Zwillingen kann ich mich deshalb auch immer wieder damit motivieren, mir zu sagen: „Komm, Tillmann, jetzt heisst es beissen, bald ist die Sache durch."

Die Vorstellung, es könnte irgendwann wieder heissen „Zurück auf Start!" ist für mich heute immer noch eine echte Horrorvorstellung. Mir reichen meine drei Kinder voll und ganz. Im Fussball ist das Triple das Beste, was eine Mannschaft gewinnen kann: Meisterschaft, Pokal, Champions League. Mehr geht nicht. Und genauso sehe ich das auch mit meinen drei tollen kleinen Ladies: Lilja, Annika und Janina. Ich habe für mich das Maximum rausgeholt. Das hat mich Kraft, Nerven und Haare gekostet. Und wird es mich noch weiter kosten. Aber ich habe drei gesunde, lebensfrohe und quirlige Kinder gewonnen. Und ich bin ein Vater, der für sie da ist, wenn sie mich brauchen, der auf sie eingehen kann, wenn es denn nötig ist. Mehr Kinder wäre mehr geteilte Aufmerksamkeit und vor allem mehr geteilte Zeit und mehr Spagat für mich. Für mich wäre das nicht gut und damit vermutlich auch nicht für die Kids. Von daher: Meine drei Mädchen sind ein Gewinn, der den bisher gezahlten Preis in jeder Hinsicht rechtfertig. Es ist gut, sehr gut sogar, wie es ist.

11

THOMAS D.

Anfang der Neunzigerjahre wurde Rapmusik in Deutschland massentauglich. In den Sechziger- und Siebzigerjahren kannte man den Sprechgesang in Europa nur in Insider-Kreisen. Dann kamen die Achtziger und irgendwann entdeckten ein paar Labels, dass man mit Rap Geld machen kann. Das Gangsta-Image liess sich toll vermarkten und plötzlich schafften es Leute wie Run DMC, LL Cool J oder die Beastie Boys auf die Cover der grossen, angesagten Musik-Magazine und damit auch nach ganz vorn in die Plattenläden. Rap war damals unzertrennlich mit dem Bild von Afroamerikanern verbunden, die im Ghetto zu Hause sind.

Der Erfolg später von Tupac Shakur, Snoop Doggy Dog oder Cypress Hill war der Nährboden für die Rapper in Deutschland. Heute gibt es sie zu Hauf – im ganzen Land, gute und schlechte. Doch die Pioniere in Deutschland sind für mich die „Die Fantastischen Vier". Wahrscheinlich werden mich jetzt unzählige Kenner des Raps harsch zurechtweisen und mir haarklein erklären, warum ich mit dieser Einschätzung völlig falsch liege. Aber ich will auch nicht als der grosse Kenner deutschen Raps gesehen werden. Mir zumindest wurde Rap-Musik erst durch die Fanta Vier bewusst. Ich selbst war kein grosser Fan der Musik von Smudo & Co. Aber man hatte damals keine Chance ihr zu entgehen. MTV und Viva spielten „Die da" und die anderen Videos der frühen Fanta-Jahre gnadenlos hoch und runter; „MfG" von 1998 konnte ich unfreiwillig sogar auswendig.

Keine Frage, die Jungs hatten Erfolg – und haben diesen immer noch. Ein paar viele Jahre nach der Fanta-4-Geburt startete der Exzentriker der Band ein Solo-Projekt. Thomas D., der Veganer mit dem lustigen Kinnbart und den grossen Tattoos, brachte eigene Musik auf den Markt. Bei mir im IKEA-Regal landete 2001 sein zweites Album: „Lektionen in Demut". Das Ganze ist eine schon recht spezielle Mischung aus psychodelischem Beat und pseudo-philosophisch anmutenden Texten.

Aber es ist auch nicht seine Musik, die mich heute als Zwillingsvater diesem Album von Thomas D. wieder sehr nahe bringt. Es ist vielmehr der Name des Albums und es sind die Titel einiger seiner Tracks, die sich sehr gut eignen, um das Schlusskapitel dieses Buchs zu formen.

Schaue ich auf das erste Jahr mit Annika und Janina und vor allem auch die rund neun Monate davor zurück, so habe ich in dieser Zeit etliche „Lektionen in Demut" gelernt. Oder sagen wir lieber: lernen müssen. Während Carinas Schwangerschaft ist es ab dem Tag, an dem wir erfahren, dass wir Zwillingseltern werden, diese ständige Unsicherheit und dieses ständige Warten auf die verschiedenen Testergebnisse, die sehr viel Geduld und Nerven – oder eben Demut – erfordern. Wir können ja eh nicht besonders stark Einfluss auf das Wachsen und Gedeihen unserer Zwillinge nehmen. Und als die AJs dann auf der Welt sind, beginnt Demut 2.0. Denn jetzt haben wir uns der neuen Familien-Konstellation zu fügen, haben uns ständig zu motivieren, haben Reflux- und Schlafentzugsmonster wegzulächeln, haben uns immer wieder zu sagen, dass alles noch viel schlimmer sein könnte. Wir müssen unsere eigenen Interessen so massiv zurückfahren, bis sie zum Teil gar nicht mehr zum Vorschein kommen. Und wir müssen ganz einfach Tag für Tag und Nacht für Nacht als Team funktionieren. Es fragt niemand danach, ob wir wollen oder nicht. Da gibt es keine Wahl. Augen zu und durch. Die Nächte ertragen, das Vollgespucktwerden und das Gebrüll immer wieder erdulden und dabei so optimistisch wie möglich bleiben und sich an den kleinen Fortschritten erfreuen. Das ist dann aktive Demut. Und es gibt für uns wirklich reichlich Lektionen davon.

Zurückblickend hätten es gern ein paar weniger Lektionen sein dürfen, die wir lernen und etwas weniger Zeit und Nerven, die wir aufwenden müssen. Aber es ist wie früher im Latein-Unterricht: Da hat der Lehrer auch eine Grammatik-Lektion nach der anderen durchgepaukt und am Ende haben wir die langen Sätze nur verstanden, da wir alle Lektionen nacheinander gelernt hatten. Bei unseren demütigen Zwillings-Lektionen ist es genauso: Erst nach einer manchmal endlos scheinenden Zeit der Unterordnung weiss man gewisse Dinge wieder so richtig zu schätzen: den lauen Sommerabend allein auf der Terrasse unter einem funkelnden Sternenhimmel – nur den eigenen Gedanken nachhängend. Das Mittag- oder Abendessen zu zweit in einem Restaurant. Den ersten Whisky nach Monaten der totalen Abstinenz. Die erste DVD ohne Unterbrechung und ohne dabei nach fünf Minuten auf der heimischen Couch einzuschlafen.

Wir lernen aus unseren Lektionen in Demut, keine Frage. Zuerst lernen wir dankbar zu sein für zwei gesunde Kinder. Später lernen wir viel, viel Geduld zu haben – 24 Stunden am Tag. Beides ist nicht immer einfach, immer wieder hätten wir die Demut-Lektionen gern wie das Lateinbuch früher in die Ecke gefeuert und wären angenervt aus dem Klassenzimmer beziehungsweise heute aus dem AJ-Zimmer gegangen. Doch am Ende machen wir es dann doch nicht. Und genau dadurch sind wir ein gutes Stück gewachsen.

Ein anderer Track auf dem Album von Thomas D. heisst „Denk jetzt nicht". Auch dieser Titel gefällt mir. Denn er knüpft nahtlos an die oben beschriebenen Lektionen in Demut an. Als (werdende) Zwillingseltern denkt man viel. Wir zumindest. Und vielleicht dachten und denken Carina und ich besonders viel. Vermutlich oft auch zu viel. Aber eine weitere Lektion, die wir immer wieder lernen müssen, ist es, gewisse Gedankenspiele gar nicht erst zuzulassen und einfach Vertrauen zu haben; in uns – und vor allem auch in unsere Kinder. Es geht schon bei der Diagnose los, dass wir Zwillinge bekommen werden. Die wahnsinnigen Gedankenspiele, die binnen

Bruchteilen von Sekunden durch den Kopf jagen: Haus gross genug? Auto zu klein? Genug Geld für externe Betreuung? Können beide wieder arbeiten? Und später dann: Was, wenn FFTS diagnostiziert wird? Was wenn die Ärzte Behinderungen feststellen? Können wir das alles überhaupt schaffen? Wie soll ich mit dem wenigen Schlaf auskommen? Und nach der Geburt dann: Nehmen sie zu? Trinken sie gut? Ist ihnen warm genug? Zu viel Reize? Zusammen in einem Bett oder beide allein schlafen? Stillen oder auch die Flasche? Kommt die Grosse zu kurz? Warum dreht sich die eine und die andere nach Wochen immer noch nicht? Warum das Geschrei? Hunger, Zahnen, einfach Terror?

Ich könnte hier womöglich noch hunderte Fragen auflisten, die uns immer wieder durch den Kopf gehen, die uns denken lassen, und die wir oft, lange und immer wieder diskutieren. Naivität, totale Sorglosigkeit und ein reines „Wir-leben-in-Tag-hinein" ist mit Zwillingen definitiv fehl am Platz. Dafür ist die Herausforderung ganz einfach zu gross. Aber zu viel nachzudenken ist auch nicht gut. Schnürt einem manchmal die Luft ab, versperrt die Sicht. Also lieber immer mal wieder ein „Denk jetzt nicht" in Kombination mit einem „Sei einfach im hier und jetzt". Und überleg dir auch: Es gab schon ein, zwei Zwillingseltern vor dir, die das alles geschafft haben. Die immer noch leben, nicht geschieden sind und deren Kids nicht auf einer weichen Therapeutencouch oder gar mit der Nadel im Arm in der Gosse gelandet sind.

Mir gefällt in diesem Zusammenhang das Bild von „Beppo Strassenfeger". Beppo ist eine der zentralen Figuren im Buch „Momo" von Michael Ende. Was mir seit dem ersten Vorlesen in meiner Kindheit hängen geblieben ist, ist die Einstellung von Beppo: Beim Fegen schaut Beppo nie, wirklich nie, an das Ende der Strasse. Denn das zu tun könnte ihm Angst machen, da er das Gefühl bekommt, er könnte es nicht schaffen bis zu diesem Ende. Lieber schaut Beppo nach unten und nur wenig nach vorn. Und macht Schritt für Schritt weiter. Irgendwann ist er dann fertig. Beppo ist am Ziel. Langsam zwar, aber beständig und am Ende erfolgreich.

Mir gelingt es im ersten Jahr als Zwillingsvater nicht immer, es Beppo gleichzutun. Oft genug hebe ich den Kopf zu weit und bekomme ein wenig Angst vor dem noch so langen Weg, dessen Ende sich oft genug gar noch nicht abzeichnet: dem Weg bis zum Brei am Abend, bis zum ersten Durchschlafen, bis nur zurückgewonnenen Freizeit, bis zum ersten Wochenende nur mit Carina, bis zu den ersten richtigen Ferien im Zelt, bis zum ersten von Anfang bis Ende in Ruhe gelesenen Buch. Entsprechend viel denke ich. Aber auf der anderen Seite sind es wieder diese Lektionen in Demut, die mir mehr und mehr helfen, auch einmal nicht zu denken und nur im hier und jetzt von einem Tag auf den anderen als Zwillingsvater das zu erleben und durchaus immer mal wieder zu geniessen, was ich habe. Ich bin richtig froh, als mir mein Trauzeuge im November, als ich mir wohl etwas viele Gedanken mache und mich zu sehr selbst bemitleide, eine rechte Ansage macht. Seine Message: „Bleib locker, Tillmann, vertrau' auf Carina und dich. Ihr seid tolle Eltern, ihr packt das." Das Ganze verpackt in eine lange, sehr lange E-Mail von einem wirklich guten Freund. Das wirkt.

„König der Narren" ist ein weiterer Track von Thomas D.s „Lektionen in Demut". Als König sehe ich mich im ersten Jahr als Zwillingsvater nun wirklich nicht. Aber als echter Narr dafür umso häufiger. Zumindest wenn man den Narr in seiner Rolle als Unterhalter eines mitunter schnell gelangweilten Publikums sieht, das mit Dankbarkeit, Lob und Anerkennung für die erbrachten Narreteien geizt. Und Zwillinge, die wollen ab einem gewissen Alter eigentlich laufend unterhalten werden, wenn sie wach sind. Sie verlieren – wie alle kleinen Kinder – zudem ganz schnell die Geduld, honorieren vor allem in den ersten Wochen und Monaten den ganzen väterlichen Einsatz als Entertainer kaum bis gar nicht. Kein Glucksen, geschweige denn Lachen, kein Augenkontakt – rein gar nichts. Einziger Indikator, ein guter Narr zu sein: kein Gebrüll. Na toll, was für ein Dank!

Ich erinnere mich noch gut an die vielen Momente, in denen ich morgens allein mit einem oder beiden AJs in unserem Bett liege und versuche, die Zeit so lange totzuschlagen, bis ich mit gutem Gewissen ins Wohnzimmer auf die Spieldecke gehen kann und damit die Wahrscheinlichkeit erhöhe, Carina, die im Gästezimmer weiterschläft, und Lilja zu wecken.

Da sitze oder liege ich dann zwischen den beiden undankbaren kleinen Ladies, lasse über ihren Köpfen „Berti Bär", „Theo Tiger" oder das „Knister-Schaf" kreisen und lasse diese Püppchen mit den beiden Schlumpfbären sprechen. Zum Teil belustigt sie das ein klein wenig, oft genug kippt aber die gemässigte bis latente Begeisterung in forderndes Geknöter und kurze Zeit darauf in ablehnendes Gebrüll. Also liege oder sitze ich dann im morgendlichen fahlen Dämmerlicht, die Augen auf Halbmast, die bleierne Schwere einer grauenvoll fragmentierten Nacht in den Knochen und habe wirklich das Gefühl ein bemitleidenswerter, in die Jahre gekommener, armer Narr zu sein. Auf Aussenstehende hätte das Ganze oft genug wohl wie ein Trauerspiel gewirkt, wie es ein Shakespeare nicht besser hätte inszenieren können: Der arme Narr in der Mitte, die wählerischen Ladies mit wenig einfühlsamer Gleichgültigkeit bis völliger Ablehnung um ihn herum.

Oder folgendes Bild ein paar Monate später: Unsere AJs nehmen ihre Mahlzeiten nicht mehr in ihren Halbschalen auf dem Trip-Trapp in einer entspannten Liegeposition ein, sondern im Sitzen. Das Ganze ist für sie zu Beginn dermassen spannend, dass sie während des Fütterns laufend und mit Anflügen hektischen Irrsinns ihre Köpfe von links nach rechts drehen. Eine Nahrungsaufnahme ohne fleckentechnische Kollateralschäden ist so gut wie nicht möglich. Da auch keine Spielzeuge ausreichen, um die Ladies abzulenken, entschliesse ich mich eines Abends, Tiergeräusche zu machen. Das wirkt augenblicklich. Vier weit aufgerissene blaue Augen schauen mich ungläubig an, zwei Münder klappen auf. Könnten sie sprechen, würden sie sagen: „Papi, was machst du da?" Oder vielleicht auch: „Papi, mein Gott, wie peinlich ist das denn bitteschön?!" Aber der Erfolg gibt mir recht: Zack, zack verschwinden die Löffel in ihren Mündern. Und ich? Ich belle erst, wiehere und mähe dann. Es folgen Esel, Löwe, Krähe, Elefant und Katze. Und irgendwann dann der Gedanke: „Gut, dass wir gerade allein sind!" Aber wie sagte Mitte der Neunziger Jahre der deutsche Finanzpolitiker Friedrich Merz bei einem Rhetorik-Wettbewerb im Deutschen Bundestag: „Es braucht mehr Mut zur Blamage." Ja, an dieser Mut-Form mangelt es mir als Zwillingsvater rein gar nicht. Und nach dem Motto „Der

Zweck heiligt die Mittel" mache ich mich doch gern zum tierischen Narren.

Aber auch diese Momente finden ein Ende. Und zwar immer. Jeden Tag aufs Neue. Und hätte ich diese frustrierenden Momente nicht in meinem Notizbuch feinsäuberlich festgehalten, dann hätte mein Gehirn sie wohl längst überschrieben. Denn unterm Strich wiegen sie nicht viel. Sie sind Schall und Rauch, von einem übermüdeten Zwillingsvater erzählt und daher wenig bedeutsam.

Track Nummer 13 von „Lektionen in Demut" trägt den Namen: „Bist du glücklich". Es ist gleichzeitig der letzte Track des Albums. Umso mehr eignet er sich auch, um dieses Buch abzuschliessen, indem ich mir selbst diese Frage stelle: „Bin ich glücklich?" Ich könnte es mir nun einfach machen und dieses Buch schnell beenden. Denn als Antwort auf diese Frage reicht ein einziges Wort. Doch ein einziges Wort reicht dann doch nicht. Zumindest jetzt und hier nicht.

Wenn ich diese vielen Seiten lese und mir die Wochen und Monate, die ich beschreibe, im Zeitraffer durch den Kopf gehen lasse, dann ist diese Zeit vor allem eines nicht: monoton. Die Zwillings-Schwangerschaft und das erste Jahr mit Annika und Janina sind zumeist eine rechte Achterbahnfahrt. Es geht eigentlich immer rauf und runter. Manchmal bin ich mehrere Tage oder auch Wochen unten. Oft genug geht an einem einzigen Tag hoch und runter, an manchen Tagen ist es sogar von Stunde zu Stunde anders. Auf Gipfel zu klettern und sich aus Tälern wieder freizukämpfen ist anstrengend. Und Zwillinge sind anstrengend, so verdammt anstrengend. Aber es sind auch diese Gipfel und Täler, die diese Zeit besonders machen. Die einen auch stolz machen, dass man dieses hoch und immer wieder runter gemeistert hat und nun, nach einem Jahr, eine Ebene erreicht hat, wo die Erhebungen und Senken zwar noch vorhanden, aber deutlich weniger ausgeprägt sind.

Zwillinge zu haben ist intensiv. In jeder Hinsicht. Hoffen und Bangen, aber auch doppelte Freude liegen ganz nah beieinander und reichen sich oft genug die Hand. Das ständige Rennen, das ständige Koordinieren und Organisieren und das alles bei wenig bis keinem Schlaf, all das ist auch körperlich anstrengend. Würde ich nur diese Aspekte anschauen, so könnte man meinen, das Ganze sei einfach eine Tortur. Oft ist es gefühlt auch eine endlos erscheinende Folter. Aber ich habe doch die Gelegenheit, Dinge zu erfahren und zu erleben, die ich sonst nie so erlebt, gesehen oder gespürt hätte. Diese bescheren mir eine tiefe Form der Zufriedenheit.

Ja, ich beneide unsere beiden Zwillinge auch oft genug. Dafür, dass sie nur das machen müssen, wonach ihnen ist: schlafen, spielen, essen. Immer wird nach ihnen geschaut und sie erfahren viel, viel Zuneigung – eigentlich egal, was sie machen.

Immer wieder erinnere ich mich in diesen Neid-Phasen an eine Wanderung vor vielen, vielen Jahren auf dem Kungsled, dem Königspfad, hoch oben im schwedischen Teil von Lappland. Zu viert liefen wir damals los, zwei von uns mussten früher zurück. Zurück blieben ein Freund und ich. Ohne Uhr. Vor uns zehn Tage Mitternachtssonne. Und damit zehn Tage ohne Zeit und Raum. Wir wanderten, wenn wir frisch waren und Lust dazu hatten. Wir assen, wenn wir hungrig waren. Wir machten Pausen oder schliefen, wenn wir müde waren. Die ganzen Tage in vollkommener Helligkeit waren einzig von unseren Bedürfnissen gesteuert. Halt so wie meine AJs, meine Annika und meine Janina, über viele, viele Monate. Eines Tages, das steht nach diesem ersten Jahr als Zwillingsvater fest, möchte ich die gleiche Strecke laufen wie 1996. Ohne Uhr. Ohne die Grenzen von Zeit und Raum. So wie damals. Der einzige Unterschied: Statt der muffigen Bude eines angehenden Zivildienstleistenden werden zu Hause unter anderem meine drei Töchter warten, und sich hoffentlich darauf freuen, dass ihr Vater wieder nach Hause kommt. Von daher ist die Frage, die der letzte Track von „Lektionen in Demut" stellt, ganz einfach beantwortet: Ja, ich bin glücklich. Ich bin ein glücklicher Zwillingsvater.

FEUERWERKE UND ROHRKREPIERER

Anekdoten gibt es mit Zwillingen immer wieder. Und oft genug fallen Sprüche und es gibt Dialoge, die einfach unglaublich sind. Viele davon sind schnell wieder vergessen. Ich habe versucht ein paar ins Notizbuch zu retten.

LILJA
„Wir bekommen zwei Babys. Die bekommt man nur, wenn man viel Glück hat."

„Mami, das ist halt so, wenn man Zwillingsmutter ist. Du musst Zucker essen. Dann wirst du wieder wach." Das kommt davon, wenn man Zucker am Abend verbietet, die Retourkutsche kommt prompt.

„Ich mache alles für die Babys. Ihr müsst nur Abendbrot machen."

„Mami und ich kümmern uns um die Babys, du gehst Geld verdienen."

„Papi, das ist kein Wunschkonzert." Als ich mich über die anstrengenden AJs beklage.

„Mami, leg dich ruhig hin. Ich bespasse die Babys"

Die AJs kommen gerade aus dem Spital. Sie maunzen ein wenig, als Lilja sie streicheln will: *„Ich bin doch eure grosse Schwester, ihr müsst doch keine Angst vor mir haben ..."*

Carina: *„ Lilja, der Papi ist fix und fertig"* – Sie: *„Ja und, was sonst noch?"*

„Wie war Eure Nacht?" – Ich: *„Nicht gut."* – Lilja: *„Oh."* Ehrlich, emphatisch, kurz und präzise. Mit der dahinter stehenden Überlegung: *„Was bedeutet dies jetzt für mich?"*

„Danach ist dann aber Schluss mit Geschwisterchen."

Lilja zu Carina, wenige Wochen vor der Geburt: *„Du siehst aus wie ein Nilpferd!"*

Lilja rülpst. Carina schimpft: *„Toll, wie deine Schwestern."* Darauf Lilja ganz trocken: *„Nur, dass man mir nicht auf den Rücken klopfen muss."*

GANZ OK
An der Kasse im Supermarkt: *„Neun Wochen sind die beiden erst alt? Oh, dann wird ihnen gerade bestimmt nicht langweilig."* Gut erkannt!

Das erste Mal mit den AJs in der Stadt. Nach fünf Minuten Kommentar von Passanten: *„Das ist ja eine prächtige doppelte Fuhre!"* Kurz darauf andere Passanten: *„Uh, Stress im Doppelpack!"* Wenigstens ehrlich.

GEHT GAR NICHT
Kollege im Juni: *„Ist doch eh abends lange hell draussen. Da macht es doch nichts, wenn die Nächte kurz sind."* Lustig gemeint, unlustig bei totalem Schlafdefizit.

Im Zoo. Vater mit Einling auf dem Arm kommt an uns vorbei durch die Türe. Kurzer Blick in den Zwillingskinderwagen. Kommentar: *„Oh Gott!"*. Geht sichtlich schockiert weiter.

Beim Kinderarzt, wir gehen gerade. Eine Mutter kommt rein mit ihren beiden Kindern, der Junge vielleicht drei Jahre alt, die Tochter knapp zwei. Sie schaut uns an, die Augen weiten sich: *„Na, sie beneide ich ja nicht!"* *„Ich sie schon!"*, so Carinas Antwort.

In der S-Bahn. Ein uns unbekannter alter Mann setzt sich mit seinem Rollator direkt neben uns und die Zwillinge. Man kommt ins Gespräch. Nach drei, vier Sätzen sagt er völlig unvermittelt: *„Haben sie etwas genommen, dass es Zwillinge werden?"*

Ich hole Lilja im Hort ab, die Zwillinge in ihren Maxi-Cosis sind mit dabei. In der Umkleide sitzt eine andere Mutter. Sie schaut gebannt die AJs an und merkt, dass mir das auffällt. Ihre Erklärung: *„Ach, wissen sie, Zwillinge faszinieren mich sehr. In der Familie haben wir einige Zwillinge. Aber ich bin ja sooo froh, dass es mich nicht getroffen hat."*

KLASSIKER
„Kleine Kinder, kleine Sorgen. Grosse Kinder, grosse Sorgen." Wenn man übernächtigt und vollgespuckt ein schreiendes Kind beruhigen will, gibt's aber im Moment kaum grössere Sorgen.

„In 20 Jahren seid ihr aus dem Gröbsten raus." Na, dann ist ja bald alles vorbei.

„Sobald sie dann einmal lächeln, ist alle Müdigkeit vergessen." Hm, unsere Kinder scheinen falsch zu lächeln

COOL

Während der Schwangerschaft. Lilja und ich: *„Wir wollen Zopf zum Frühstück. Und wir sind zu zweit ..."* Carina: *„Ich will keinen Zopf, und ich bin zu dritt!"*

Ein Geschäftskunde von mir (Mitte Vierzig, vier Kinder) als Antwort darauf, dass ich den Schlafmangel spüren würde: *„Du, für deine Generation, die jungen Männer, ist das gut. Mit zu wenig Schlaf seid ihr vernünftiger und ausgeglichener. Die ganze überschüssige Energie ist nicht mehr da. Ihr kommt dann nicht auf dumme Gedanken, zum Beispiel Bushaltestellen anzuzünden."*

MEINE ÜBERLEBENSTIPPS

Lektüre zur Zwillingsausstattung etc. gibt es schon reichlich. Doch eine bunte Mischung von Tipps aus der Praxis hilft oftmals weiter – zur Vorbereitung auf die Zeit als Zwillingseltern sowie dann später während des ersten Jahres. Mit meinen Tipps erhebe ich weder einen Anspruch auf Vollständigkeit, noch hat die Reihenfolge irgendeine Bedeutung. Auch finden sich ein paar Punkte wieder, die vorher schon im Buch aufgetaucht sind. Die Tipps sind einfach die Hilfsmittel, die mir eingefallen sind, als ich mir die Frage stellte, was ich anderen (werdenden) Zwillingseltern, und hier vor allem den Zwillingsvätern, aus eigener Erfahrung mit auf den Weg geben möchte.

ZEIT

Vaterschaftsurlaub zum richtigen Zeitpunkt nehmen

Ihr seid in einer vergleichbaren Situation wie wir? Also ohne zwei ständig helfende Omas und weitere familiäre Heerscharen, die in ihrer üppigen Freizeit nichts lieber machen, als sich um eure Zwillinge zu kümmern? Dann, liebe Schweizer Zwillingsväter: Prüft jede sich ergebende Möglichkeit, ob ihr nach der Geburt unbezahlt Ferien nehmen könnt. Und wenn ihr euch das irgendwie leisten könnt, nicht nur ein oder zwei Wochen, sondern am besten zwei bis drei Monate. So würde ich es machen, wenn ich noch mal in die gleiche Situation käme. Denn ihr werdet nie mehr gebraucht als in der Zeit nach der Geburt, wenn sich zu Hause das Leben als Zwillingsfamilie einspielen muss. Und euch, liebe deutsche Zwillingsväter, würde ich raten: Vergesst eure Pläne, mit der Familie einen verlängerten Urlaub zu machen, wenn die Kids ein Jahr alt sind und nehmt eure Elternzeit eben genau dann, wenn nichts wertvoller ist als Zeit für die Familie. Und das ist nach meiner Erfahrung wirklich direkt dann, wenn zu Hause euer Leben als Zwillingsfamilie beginnt.

Online-Shopper werden

Ich gebe zu: Ich bin ein Mann, der gern einkauft. Und einer, der auch gern Kleidung einkauft. Aber mit Zwillingen fehlt zum einen die Zeit für entspanntes Einkaufen, zum anderen können Carina und ich immer nur den Kopf schütteln, wenn wir Eltern sehen, die ihren armen Nachwuchs samstags zum Einkaufen in Einkaufszentren oder in Warenhäuser mitnehmen. Am Anfang sträubte ich mich noch gegen die Option des Online-Shoppings. Es fehlte mir einfach das Erlebnis des Einkaufens. Aber die Alternative wäre gewesen, gar nicht mehr einzukaufen. Also war auch ich dann irgendwann Kunde bei Zalando & Co. Und schlussendlich konnte ich mich damit sogar anfreunden, die Sachen nach Hause zu bekommen und dann vor meinen beiden grossen Damen eine kleine Modenschau zu machen.

Kinder praktisch anziehen und „ausrüsten"

Auch Kinder brauchen irgendwann „Eigentum". Sie brauchen Dinge, die ihnen gehören und keinem anderen. Dieser Meinung bin ich auch. Aber nicht bei Zwillingen in ihrem ersten Lebensjahr. Vor allem nicht, wenn es um Kleidung, Trinkflaschen, Geschirr oder Nuggis geht. Die Kids haben klare Bedürfnisse. Und so lang diese gestillt sind, ist ihnen egal, ob ihr T-Shirt nun blau oder weiss ist oder ob sie aus der Flasche der Schwester trinken. Am Anfang haben wir auch noch versucht, Kinderstühle, Kleidung & Co. klar zuzuordnen. Aber am Ende geht es wirklich nur darum Zeit zu gewinnen. Und so haben unsere AJs im Auto im ersten Jahr genauso wenig feste Plätze wie am Tisch. First come, first served! Es konnte daher gut sein, dass die eine in der einen Nacht den Schlafanzug trug, den die andere in der Nacht zuvor getragen hatte. Und von der naiven Idee, den Kindern Nuggis zuzuordnen, sind wir eh ganz schnell abgekommen. Zum einen haben sie sich die Dinger eh immer wieder gern gegenseitig aus dem Mund gezogen und sich selbst hineingesteckt, zum anderen zählt in Momenten erhöhter Dezibel-Belastung nur eines: möglichst schnell Ruhe erzeugen. Und wenn eine Sache dann unwichtig ist, ist es die Zugehörigkeit der Nuggis ...

Kinder gleichzeitig krank werden lassen

Unsere Grosse war wie gesagt eigentlich nie krank. Entsprechend unerfahren waren Carina und ich in Bezug auf kranke Kinder. Da wir keine Lust auf zwei kranke Zwillinge hatten, war es unser Ziel, Zwilling Nr. 2 möglichst gesund zu halten, wenn Zwilling Nr. 1 krank wurde. Tja, das versuchten wir zwei- oder dreimal. Dann mussten wir einsehen: funktioniert nicht. Es war eigentlich immer so, dass Zwilling Nr. 2 krank wurde, wenn Zwilling Nr. 1 schon wieder fast genesen war. Und dann streckte sich die Zeit mit kranken Kindern bis zu zehn Tagen, in denen sie nicht in die Krippe konnten und wir somit im Job massiv eingeschränkt waren. Diese Zeit galt es abends über den Laptop gebückt wieder herauszuholen. Also liessen wir es während Krankheitsphasen mit peniblem Zuordnen von Nuggis oder getrennten Löffeln beim Füttern bleiben. Vielmehr sorgten wir dafür, dass Keime und Bakterien beste Bedingungen erhielten, um den noch gesunden Zwilling möglichst schnell anzustecken. Denn unsere Erkenntnis war: lieber kurz und heftig als ein Kind nach dem andern.

Gar nicht oder nur sehr begrenzt bügeln

Ich bin mit gebügelten Kleidungsstücken aufgewachsen. Ausser Unterwäsche war immer alles schön knitterfrei. Das habe ich als Student übernommen und fortgeführt. Infrage gestellt habe ich das nie. Und da Carina nicht bügeln musste, sondern ich diesen Job für die ganze Familie übernommen hatte, stellte sie das ebenfalls nie infrage. Tja, und dann kamen die Zwillinge. Und damit schwand die Freizeit. Auf der Suche nach Möglichkeiten, um Zeit zu sparen, kam auch das Bügeln unter die Lupe. Als Massnahme beschränken wir seitdem das Bügeln auf das wirklich Notwendige: Oberhemden und Blusen fürs Büro, die eine oder andere Stoffhose oder auch mal ein Kleid für Carina oder Lilja. Da jetzt weder Jeans noch T-Shirts oder Sachen von Lilja noch entknittert werden, ist der Aufwand fürs Bügeln drastisch gesunken. Für mich war es zunächst eine Hemmschwelle, die ich beispielsweise beim Tragen eines nicht gebügelten T-Shirts überschreiten musste. Aber in Anbetracht der eingesparten Zeit war dieses Unwohlsein ganz schnell überwunden.

WOHLBEFINDEN

Powernap halten

Die erholsame Wirkung eines kurzen Mittagsschläfchens ist ausreichend belegt. Die Kunst liegt darin, sich zu zwingen, es zu machen. Wir Zwillingsväter stehen häufig so unter Strom, dass wir meinen, wir könnten es uns nicht leisten, 20 Minuten abzuschalten. Unterm Strich ist diese Form der Erholung die wirksamste überhaupt – mal abgesehen von ungestörtem Nachtschlaf. Und natürlich funktioniert sie nicht nur am Mittag, sondern eigentlich zu allen Tageszeiten. Denn eines ist klar: Ausreichend müde für so ein Schläfchen ist Man(n) in den ersten Wochen und Monaten eigentlich immer.

Sport treiben

Wenn es mit dem Mittagsschlaf schon nicht klappt, dann vielleicht mit Bewegung. Auch das erfordert reichlich Selbstdisziplin. Denn häufig genug kommt die Ausrede: „Ich bin so müde, ich kann jetzt keinen Sport machen!" Falsch! Gerade dann sollte man sich aufrappeln. Denn zum einen vertreibt die Bewegung jede Form von möglichem Zwillings-Hangover, zum anderen macht Sport ganz einfach wach. Und nicht zuletzt gibt es eine ordentliche Ladung Glückshormone gratis mit dazu. Und die gibt es vor allem in den harten Zeiten des ersten Jahres mit Zwillingen sonst eher spärlich oder halt nur in Form von Unmengen an Schokolade. Dann doch lieber Sport, oder?!

Entspannt bleiben

Ja, es klingt hart, aber Freizeit ist ein wirklich rares Gut im ersten Jahr als Zwillingsvater. Und ja, es nervt zum Teil sehr, wenn die Männerwochenenden ausfallen, die Kontakte zu ein paar Kumpels einschlafen, man nach einem Bier schon platt ist und deutlich weniger Zeit für die eigenen Hobbies bleibt. Aber ganz ehrlich, kaum ist die gröbste Zeit geschafft, verblassen alle diese Einschränkungen ganz schnell. Und so bleibt wirklich nur die Erkenntnis: Nach dem ersten Jahr wird es wirklich besser. Da lohnt es sich nicht, sich grossartig aufzuregen. Wie lauten die ersten Artikel des „Kölschen Grundgesetzes" doch: 1. Et is wie et is. (Es ist wie es ist) 2. Et kütt wie et kütt. (Es kommt wie es kommt) 3. Et hät noch immer god gegange. (Es ist noch immer gut gegangen). Ein klein wenig rheinische Lebensart dürfte allen Zwillingsvätern gut tun. Und umso mehr gilt: Alle Freiräume, jeden Moment für sich allein, maximal geniessen.

Ferien können warten

Stundenlange Fahrten im Auto? Hotels mit dünnen Wänden und Decken? Magen-Darm- und andere Infekte? Kinderärzte, die die eigene Sprache nicht sprechen? Genervte Mitreisende in Flieger oder Bahn? Dazu die ständige Frage: Gibt es zwei Kinderbetten? Gibt es zwei Hochstühle? Ganz ehrlich: Das muss nicht sein. Schon mit einem Kind kann Reisen stressig sein. Umso mehr gilt dies für Zwillinge. So schön es ist, die eigenen vier Wände einmal zu verlassen, unterm Strich ist es zumindest im ersten Jahr mit Zwillingen nirgendwo so erholsam wie zu Hause. Dort lassen sich Rhythmen und Rituale einhalten, dort ist alles Equipment vorhanden, das man braucht, dort gibt es die erforderliche Infrastruktur. Und all das allein entspannt mehr als jedes noch so attraktive, mehr oder weniger exotische Reiseziel. Wir hatten vor der Geburt der Zwillinge einige Reisepläne für die ersten Monate. Wir haben sie alle abgesagt. Und das war für unsere Nerven die beste Entscheidung.

PARTNERSCHAFT

Fair bleiben, Verständnis haben

Schlafmangel führt irgendwann ganz sicher zu einem dünnen Nervenkostüm und zu Überreaktionen. Ich würde Carina und mich weder als sehr impulsiv, noch als sehr konfrontationsfreudig bezeichnen. Aber auch bei uns knallte es im ersten Zwillingsjahr immer wieder. Zum Glück nur kurz und nicht nachhaltig. Aber oft genug kam ich in Situationen, in denen ich mich ungerecht behandelt fühlte und gern so richtig schön unfair mal meinen ganzen Schlafdefizit-Frust an Carina rausgelassen hätte. Einfach weil sich da die Möglichkeit geboten hätte, diesen angestauten Druck und Frust über ein Ventil abzulassen. Aber zum Glück eskalierte es bei uns nie. Und zum Glück gab es immer einen bei uns, der eher bereit war, in die Defensive zu gehen und das, was da unschön ins linke Ohr reinging, sofort und unkommentiert über das rechte wieder rauszulassen. Das ist nicht immer leicht. Aber die Zeiten sind manchmal hart genug. Da hat Unfairness gegenüber dem Partner nichts verloren. Das tut irgendwann nur unnötig weh. Und besser schlafen die Kinder dadurch auch nicht.

Nie aufrechnen

Beide Zwillingseltern werden im ersten Jahr maximal gefordert. Und beide Elternteile werden darum auch ziemlich viel leisten müssen. Beide werden sich oft genug fragen, ob sie jetzt nicht mal eine Auszeit verdient hätten, um auch mal an sich selbst zu denken. Aber natürlich wird es nie funktionieren, dass alle Arbeiten genau aufgeteilt werden. Das geht gar nicht. Aber wenn beide gut anpacken und sich nicht verstecken, dann verträgt eine Partnerschaft auch Zwillinge. Wichtig dabei: auch einmal dem Anderen etwas gönnen können. Das bedeutet, dass Aufrechnen verboten ist. Klar, es soll auch keine Schieflage entstehen, wo der eine alles macht und der andere die Beine hochlegt oder den Bar-Keeper seines Vertrauens häufiger sieht als die eigene Familie.

Dem anderen Freiräume schaffen

Das grösste Geschenk, das man Partner oder Partnerin machen kann: Zeit für sich schenken. Einfach mal die Zähne zusammenbeissen und einen Abend, einen Tag oder ein Wochenende die Kinder allein übernehmen. Dankbarkeit ist garantiert! Netter Nebeneffekt: Man kommt den Kindern wirklich nah.

ZWILLINGSSCHLAF

Einschlafritual einführen

Wir haben Zwillingseltern kennengelernt, deren Kinder von
Anfang an durchgeschlafen haben. Und zwar wirklich durchge-
schlafen. Sprich: kein Aufwachen während rund sieben Stunden!
Wahnsinn! Was waren wir neidisch. Dieses Glück hatten wir nicht.
Ja, wir haben lange Kämpfe ausgefochten. Aber am Schluss haben
wir gewonnen. Vom ersten Jahr mit Lilja konnten wir lernen, dass
Konsequenz sich auszahlt. Während andere Eltern noch im dritten,
vierten oder sogar fünften Lebensjahr nachts gestört werden, war
bei Lilja nach zehn Monaten Schluss mit Aufwachen. Bei unseren
AJs hat es ein wenig länger gedauert. Aber dafür schliefen sie nach
einem Jahr mittags wie nachts richtig gut. Auch das führen wir auf
unsere Konsequenz zurück. Dazu gehören klare Rituale. Bei uns
waren das beispielsweise immer die gleichen Zeiten, zu denen wir
die Kinder ins Bett brachten. Immer die gleiche Reihenfolge auf
dem Wickeltisch. Immer ein „Gute-Nacht-Sagen" durch Lilja und
dann im Zimmer noch ein paar Worte zum Tag, der zu Ende geht.
Abgeschlossen mit einem von schiefen Tönen getragenen Schlaflied.
Und beim Rausgehen noch eine Musik aus dem Babyphon. Diese
gewohnten Abläufe führten dazu, dass Annika und Janina immer
genau wussten, was kommt. Und das wiederum hat dazu geführt,
dass sie das Schlafen nie als Strafe betrachteten, sondern als etwas
Schönes. Und schlussendlich haben diese Rituale später auch dazu
beigetragen, dass das Einschlafen auswärts im Reisebett und in
fremder Umgebung nie ein grosses Problem war. Wichtig vielleicht
auch noch Folgendes: Die Eltern müssen „Chef bleiben" – und ein
wenig Geschrei ertragen. Gelingt das, dann ist die nächtliche Milch-
flasche recht bald abgewöhnt. Und mit Dingen wie Einschlafen auf
dem Arm der Eltern und Streicheln, bis das Kind schläft, sollte man
gar nicht erst anfangen. Das wird ganz schnell zum Bumerang und
die Kinder übernehmen das Kommando ...

Babyphon mit Musik kaufen

Bei Babyphonen scheiden sich die Geister. Manche lehnen sie ab, andere sind Fans. Wir sind Letzteres. Vor allem von Geräten, die auch Musik spielen. Denn diese Musik eignet sich perfekt als Einschlafmusik und damit als Ritual. Und während diese ollen Spieluhren oftmals viel zu laut sind und schon nach zwei, drei Minuten aufhören zu spielen, konnten wir zwischen sechs einigermassen erträglichen Melodien wählen, deren Lautstärke einstellen und das Ganze sogar fernsteuern. Und das Wichtigste: Eine Melodie spielt zwölf Minuten. Mehr als ausreichend, damit die Kinder einschlafen. Zudem haben wir uns zwei Babyphons zugelegt. So hatte mittags jedes Kind seine eigene Musik und wir konnten problemlos bei beiden Zimmern die Türen schliessen. Das Ganze funktioniert übrigens auch bei älteren Kindern. Lilja schwört auch heute noch mit ihren fünf Jahren auf die Musik.

Getrennte Schlafzimmer (mittags) für die Kinder einführen

Dieser Tipp kann klappen, muss aber nicht. Während Annika und Janina nachts ziemlich synchron schliefen und sich nur selten aufweckten, sah das mittags ganz anders aus. Hier konnte es schon mal vorkommen, dass eine der beiden bis zu einer Stunde weniger Mittagsschlaf machte als die andere. und diese dann weckte. So hatten wir dann schon mal sicher ein nörgeliges Kind am Nachmittag. Also haben wir die beiden irgendwann getrennt Mittagsschlaf machen lassen. Janina in ihrem „normalen" Bett und Annika im Reisebett im Gästezimmer. Hätten wir kein Gästezimmer gehabt, hätte sie eben in unserem Schlafzimmer geschlafen. Die Trennung über Mittag haben die beiden problemlos akzeptiert und negative Auswirkungen auf den Nachtschlaf gab es keine.

Getrennte Schlafzimmer für die Eltern einrichten

Ja, die Nächte können schon richtig grausam sein. Aber es bringt nichts, dass beide Eltern schlaflos bleiben, wenn eigentlich nur ein Elternteil erforderlich ist. So haben wir uns nach einem längeren Lernprozess immer aufgeteilt, wenn ein Kind nicht schlafen konnte. Während der eine versuchte, das wache Kind wieder zum Schlafen zu bringen, zog der andere auf eine Matratze ins Zimmer, in dem Kind Nr. 2 friedlich schlummerte. So konnte wenigstens einer von uns einigermassen schlafen und bei Bedarf das aufwachende Kind Nr. 2 versorgen. Wenn in solchen Situationen eines nicht angebracht ist, dann falsches Heldentum nach dem Motto „Das stehen wir jetzt gemeinsam durch." Allerdings musste zumindest ich das erst lernen. Carina hat mich mehrmals aus unserem Schlafzimmer „rauswerfen" müssen ...

Genügend Nuggis im Bett verteilen

Es gibt Kinder, die nehmen keinen Nuggi. Unsere Grosse war so. Andere stecken sich die Dinger sofort in den Mund, wenn sie das Licht der Welt erblicken, lassen ihn dort am liebsten für ewig und machen riesig Terz, wenn der „Brüll-Stöpsel" mal rausgenommen wird. Unter dem Aspekt, dass das Abgewöhnen des Nuggis anstrengend sein kann, hätten wir gern auf diese „Beruhigungssauger" verzichtet. Aber mit Zwillingen mussten wir erkennen, dass diese kleinen Kunststoff-Latex-Kombinationen uns vor dem einen oder anderen Nervenzusammenbruch bewahrt haben. Aber unsere AJs mussten das Nuggi-Nehmen erst lernen. Nach sechs Wochen fingen wir damit an. Vier Tage lang haben wir die Teile immer wieder mit stoischem Siegeswillen in die plärrenden Münder gesteckt. Tagsüber funktionierte das dann ziemlich gut. Nachts weniger. Denn in den ersten Monaten konnten sich die kleinen Wesen den Nuggi noch nicht allein in den Mund stecken. Dazu bedurfte es elterlicher Hilfe. Und ein Rausfallen war immer von Gebrüll begleitet. Nach rund neun Monaten hatten die beiden diese Fähigkeit dann entwickelt. Gold wert war der Tipp einer Freundin, die uns riet, mehrere Nuggis ins Bett zu legen. Das würde einfach die Chance erhöhen, dass die Kinder einen Nuggi finden und sich selbst wieder in den Mund stecken, bevor sie lautstark ihren Nuggi-Verlust kundtun. Der Tipp funktionierte. Klar, es muss von der Menge her jetzt nicht gerade dem Bälle-Bad im Småland bei IKEA gleichen, aber wir hatten eigentlich immer vier bis fünf strategisch günstig verteilte Nuggis in jedem Bett. Die nächtlichen Störungen gingen dadurch massiv zurück. Und auch sonst war es hilfreich, die Nuggis überall im Wohnbereich zu verteilen. Bei einer gross angelegten Sauber-mach-Aktion kamen wir auf 23 Nuggis; solche, die versteckt zwischen Spielzeug, unter Betten und Couch lagen, nicht einberechnet. Ja, wir werden in ein, zwei Jahren, wenn wir die Dinger gleich zwei Kindern abgewöhnen müssen, wieder harte Zeiten durchmachen. Aber bis dann ist unser Nervenkostüm auch wieder viel, viel robuster ...

Nachts mit gutem Gewissen die Türen schliessen

Kleine Kinder sind clever. Sehr clever sogar. Sie merken schnell, dass die Eltern sofort aufspringen, wenn sie schreien. Das kann vor allem nachts sehr unangenehm sein. Und wenn die Eltern wirklich immer sofort aufspringen, haben beide Parteien nichts davon: Die Eltern, da sie gestört werden und die Kinder, da sie gar nicht lernen, bei einem kurzen Aufwachen oder einem verlorenen Nuggi wieder allein einzuschlafen. Für uns der beste Schutz, um gar nicht in Versuchung zu geraten, aufzustehen war ganz simpel: Dieses Kurz-zeit-Gebrüll gar nicht erst hören. Umgesetzt haben wir dies dann wie folgt. Schritt 1: Tür zum AJ-Zimmer fest schliessen. Schritt 2: Babyphon anmachen und auf schwächste Sensitivität stellen. Schritt 3: Ins Bett gehen und das gute Gefühl haben, dass man nur wach wird, wenn man wirklich gebraucht wird. Denn dann springt das Babyphon an. Und tatsächlich, nach einiger Zeit wurden Annika und Janina „selbstständiger". Sie lösten ihre kleinen nächtlichen Unruhen zunehmend in eigener Regie. Und davon profitierten alle durch insgesamt störungsfreie Nächte.

SOZIALLEBEN

Freundschaften pflegen – und ruhen lassen

Soziale Kontakte leiden mit Zwillingen. Ich habe im Buch mehrfach erwähnt, wie wenig Freizeit im ersten Jahr mit den AJs noch vorhanden war. Aber selbst wenn sich mal so ein persönliches Zeitfenster öffnete, fehlte oft genug ganz einfach die Lust für Telefonate, E-Mails oder Ähnliches. Darunter litten die Kontakte natürlich. Nach ein paar Monaten habe ich allen meinen richtig guten Freunden einfach eine E-Mail geschickt und ihnen offen und ehrlich meine Lage geschildert. Und es gab niemanden, der kein Verständnis für meine Situation und mein Schweigen gehabt hätte. Anschliessend habe ich die Jungs ebenso wie die Familien von Carina und mir immer mal wieder mit Links zu ein paar Fotos bedient. So gelang es wenigstens in losem Kontakt zu bleiben. Und als die Nächte wieder besser wurden, stieg auch die Lust wieder, Freundschaften aktiv zu pflegen. Einfach mal ein Männerwochenende zu machen ist zwar weiterhin nicht so einfach. Aber auch das kommt wieder. Dazu gibt es einen einfachen Tipp: einen Termin fixieren – und zwar mit genügend Vorlaufzeit. Dieser muss dann „heilig" sein. Und ist dieser Termin dann da, gilt es, die Familie einfach komplett hinter sich zu lassen und total abzuschalten.

Selbstverständlich haben Zwillingsmütter das gleiche Recht auf solche Wochenenden ...

Statt Geschenke ein Catering wünschen

Ist ja schön, wenn alle einem etwas zur Geburt der Zwillinge schenken wollen. Allerdings ist das Wenigste davon wirklich hilfreich. Denn gerade wenn man schon ein älteres Kind hat, verfügt man eh schon über massenhaft Ausrüstung. Aber auch ohne zusätzlichen Nachwuchs sind viele Sachen nicht unbedingt erforderlich. Kleidung braucht man am Anfang eh kaum, Spielzeug ebenfalls nicht. Auch Trinkflaschen oder Ähnliches haben noch Zeit. Unsere

Erfahrung: Da man vor allem in den ersten Wochen eigentlich gar keine Zeit hat, gibt es nichts Besseres als Geschenk als ein gutes Mittagessen. Einmal keine Nudeln mit Tomatensosse, Tiefkühlpizza oder Tortellini mit Frischkäse. Es waren für uns immer echte Feiertage, wenn Freunde vorbeikamen und uns ihre zu Hause vorgekochten Speisen mitbrachten. Darunter waren sogar richtige 3-Gänge-Menüs mit selbst gestalteter Speisekarte. Und manchmal brauchten wir sogar nur das schmutzige Geschirr in den Wäschekorb legen und alles wurde abends wieder abgeholt. Sensationell. Das sind unvergessliche Freundschaftsdienste.

Andere Zwillingseltern treffen / Zwillingsverein beitreten

Auf die Eltern von Zwillingen warten Herausforderungen, denen sich „normale Einlingseltern" nicht stellen müssen. Vielleicht haben manche dieser werdenden Eltern von gleich zwei neuen Erdenbewohnern zu Beginn das Gefühl, überfordert zu sein oder das, was da auf sie zukommt, nicht meistern zu können. Uns ging es zumindest so. Gut dann zu wissen, dass man nicht allein ist. Und dass es mehr Zwillingseltern gibt als man denkt. Mir ging es da ähnlich wie zu der Zeit, als Carina mit Lilja das erste Mal schwanger war. Da sah ich plötzlich nur noch Schwangere und Kinderwagen. Man ist halt sensibilisiert. Und ähnlich ging es uns mit den Zwillingen. Von immer mehr Ecken und Enden erfuhren wir, dass die oder der auch Zwillinge hat. Um das erste Jahr mit Zwillingen zu überleben, gibt es kaum etwas Besseres, als sich mit anderen Zwillingseltern auszutauschen. Bei uns war das Ganze natürlich schon recht gut vorgespurt durch die Zwillinge meiner Schwester. Aber manchmal gibt es auch Zufälle. So traf ich vor dem kleinen Dorfladen bei uns eines Tages eine andere Familie – mit Zwillingen. Praktischerweise auch mit zwei Mädchen im Alter von Janina und Annika. Daraus ist mittlerweile eine tolle Freundschaft geworden und wir können uns immer wieder mit Tricks und Tipps aushelfen. Man kann dem Zufall natürlich auch nachhelfen. Das geht beispielsweise über einen Zwillingsverein. Davon gibt es auch mehr als man denkt.

Solche Vereine bieten einiges an Veranstaltungen. Vom Info-Abend über Kleiderbörsen bis zum sonntäglichen Zwillingsbrunch. War für uns zwar etwas komisch, an dem Infoabend zusammen mit rund einem Dutzend anderen werdenden Zwillingseltern zu sitzen. Aber eben, wir sahen live und in Farbe, dass wir nicht allein sind. Und die Vorstandsmitglieder des Vereins – natürlich alles Zwillingsmütter – konnten uns richtig gut weiterhelfen und uns auch einige Sorgen nehmen.

(Zwillings-)Zeitschrift abonnieren

Was hat der Tipp „Zwillingszeitschrift abonnieren" unter „Sozialleben" verloren? Um ehrlich zu sein, habe ich keine andere Überschrift gefunden, der ich diesen Tipp zuordnen konnte. Mit ein wenig Phantasie kann man es so interpretieren, dass man auch über eine Zeitschrift andere Zwillingseltern treffen kann. Ideal dafür: die Zeitschrift „Zwillinge". Das Magazin versteht sich als Forum von Zwillingseltern für Zwillingseltern. Vom Layout her ginge da sicherlich mehr, aber um das zu kompensieren haben wir noch die „Nido" im Abo. Die ist nicht auf Zwillinge spezialisiert, dafür aber ein professionelles Magazin, das beim Lesen einfach Spass macht. Wir haben in den letzten knapp sechs Jahren einige Elternzeitschriften aus der Schweiz und aus Deutschland ausprobiert. Die „Nido" wird uns sicherlich noch ziemlich lang begleiten.

WOHNUNG

Tripp-Trapp-Aufsätze leihen oder schenken lassen

Ich kenne keinen Haushalt mit kleinen Kindern ohne Tripp Trapp. Bei meiner Schwester standen eine Zeit lang sogar sechs dieser genialen Kinderstühle aus Norwegen nebeneinander. Auch wir haben mittlerweile drei von den Stühlen. Aber im Vergleich zum ersten Lebensjahr von Lilja hat die Firma Stokke das Zubehör sensationell weiterentwicklt. Lilja haben wir damals ihren Brei immer in einer Baby-Wippe gefüttert. Die stand auf dem Boden und wir knieten daneben. Oder sie stand auf dem Tisch und wir mussten mit krummem Rücken stehen. Jetzt gibt es einen Aufsatz für den Tripp Trapp, der den Babyschalen fürs Auto ähnelt. Den steckt man einfach oben auf den Stuhl. Die Kinder liegen darin entspannt in perfekter Ess- und Trinkposition, die fütternde Person sitzt entspannt auf einem normalen Stuhl daneben. Netter Nebeneffekt: Die Kinder können von Anfang an bei den Mahlzeiten der „Grossen" dabei sein und langweilen sich nicht in ihren Wippen am Boden. Für uns war es perfekt, dass wir uns beide Aufsätze leihen konnten. Von der Ausstattung rückblickend vermutlich der heisseste „Hardware-Tipp" überhaupt, um Nerven und Gelenke der Zwillingseltern zu schonen.

Wickelkommode selbst bauen

Wickelkommoden habe ich schon so einige gesehen. Die für Zwillinge unterscheidet sich in keiner Weise von denen für Einlinge. Denn parallel wickelt man die Kids eh nicht. Bei Lilja haben wir noch auf einer Kommode der Firma Paidi aus dem Babygeschäft gewickelt. Als sich wieder Nachwuchs ankündigte war klar: Das machen wir jetzt aber bitteschön ganz anders. Zu wenig Platz auf und in der Kommode, zu wenig stabil und vor allem für mich: zu niedrig. Wir sind zu IKEA, haben uns eine von der Höhe passende Kommode mit vier Schubladen geholt und oben drauf nach Gusto eine stabile Auflage mit Brettern aus dem Baumarkt gebastelt. Klar, das hätte man schöner machen können. Aber wie schon erwähnt: Weder Carina noch ich sind handwerklich besonders begabt. Aber fürs Zusammenschrauben und Anmalen von vier Brettern hat's dann doch gereicht. Herausgekommen ist ein „Custom-made-Möbelstück", das für unsere Zwecke perfekt war. Und auch trotz doppelter Anzahl zu wechselnder Windeln habe ich nie Rückenschmerzen bekommen.

Tiefkühltruhe anschaffen

Liebe werdende Zwillingseltern: Solltet ihr noch keine haben, dann schafft euch bitte eine Tiefkühltruhe an. Sie wird euch ganz viel Zeit und Nerven sparen. Egal ob ihr Brei oder Essen für euch in grösseren Mengen vorkocht oder Muttermilch aufbewahren wollt. Alles lässt sich dort wunderbar einfrieren und bei Bedarf auftauen. Auch empfiehlt es sich eigentlich immer, wenn man mal Zeit zum Kochen hat, grössere Mengen zuzubereiten und dann etwas einzufrieren. Das spart viel, viel Zeit.

Leistungsstarken Handstaubsauger zulegen

Wir Männer sehen gern, was wir geleistet haben. Ich zumindest bin so einer. Und meine Freude am Staubsaugen stieg schon vor vielen Jahren exponentiell an, nachdem wir uns von unserem alten Staubsauger mit verborgenem Beutel verabschiedet hatten und zu einem Dyson wechselten. Hier konnte ich immer genau sehen, von wie viel Staub und anderem Schmutz ich unser Zuhause befreit hatte. Das motivierte mich ungemein.

Hat man Zwillinge, dann krümeln die natürlich auch doppelt so viel wie nur ein Kind und machen insgesamt doppelt so viel Schmutz. Immer den grossen Dyson aus dem Keller zu holen war uns dann doch ein wenig zu aufwändig. Und mit Besen und Handfeger grossflächig Holz- und Fliessenboden zu reinigen, ist auch nicht gerade eine Freude. Schon bei Lilja hatten wir uns nach dem Tipp von Freunden einen Handstaubsauger zugelegt. Allerdings hatte Lilja von Anfang an eine so ausgeprägte Feinmotorik, dass wir das Teil eigentlich nie brauchten. Mit Annika und Janina brach dann krümelmässig ein anderes, ein für die elterlichen Reinigungskräfte sehr düsteres Zeitalter an. Mit unserem vorhandenen Handsauger hätten wir ständig auf dem Boden rumtuschen müssen, zudem war der nicht gerade leistungsstark.

Die Lösung kam wieder von Dyson: ein Handstaubsauger mit langem Saugrohr. Akkubetrieben und mit praktischer Ladestation an der Wand. Der war und ist immer einsatzbereit, hat eine ordentliche Saugkraft und schont den Rücken. Und nicht zuletzt hat er wie alle Dysons einen Schmutzbehälter aus Kunststoff. So darf ich auch weiterhin mit voller Befriedigung feststellen, wie toll ich gestaubsaugt habe ...

Sich eine Putzfrau gönnen

Ja, eine Putzfrau kostet Geld. Man muss sie sich leisten können. Aber mal ehrlich: Im ersten Jahr, vermutlich sogar in den ersten Jahren mit Zwillingen reduzieren sich die Möglichkeiten, um Geld auszugeben, so drastisch, dass man locker sparen kann. Kino- und schöne Restaurantbesuche liegen eh nicht mehr drin, da die Chance hoch ist, abends immer vor 21 Uhr im Bett zu liegen. Grosse Reisen mit Zwillingen sind nur Stress für alle Beteiligten. Und Zeit für grosse Shoppingtouren gibt es auch keine mehr. Und man kann als Zwillingseltern Geld kaum besser investieren als in freie Zeit bzw. in Zeit, die man für halbwegs schöne Dinge nutzt. Und Putzen würde ich da nicht dazuzählen. Eine Putzfrau mag vielleicht gegen die Ehre sein. Aber auch das ist in meinen Augen wieder falsches Heldentum. Jede externe Hilfe ist willkommen. Umso mehr eine für solch lästige Dinge wie das Putzen. Für unser Nervenkostüm war, ist und bleibt unsere Putzfrau in jedem Fall echter Balsam. Auch wenn sie einmal wöchentlich nur den absoluten Grundputz erledigt. Aber immerhin das.

Auf dem Boden wickeln

Auch wenn man eine noch so schöne Wickelkommode gebaut hat und alle Besucher diese so sehr loben: Wohnt man wie wir auf mehreren Etagen, so ist mit Zwillingen nichts nerviger, als ständig mit den Kids und ihren vollen Windeln Treppen hoch- oder runterzulaufen. Die Energiedepots sind eh schon nicht besonders voll. Da zehrt Treppenlaufen zusätzlich an den Kräften. Unsere Kommode stand im ersten Stock, mit den Kindern waren wir aber meistens im Erdgeschoss. Also haben wir dort einfach ein Depot angelegt mit Windeln und Feuchttüchern. Zwillinge müssen eh hart im Nehmen sein, da macht ein wenig Wickeln auf dem Fussboden auch nichts.

ERNÄHRUNG

Mikrowellen-Dampfsterilisator zulegen

Wer Zwillinge hat, der hat viele Nuggis, Flaschen und sonstige Baby-Utensilien, die der Nahrungsaufnahme dienen. Und wer diese Unmengen an Schnuller-Material nicht regelmässig aufwändig säubern und vor allem ewig lang auskochen will, damit dieses Zeugs einigermassen steril wird, der gönnt sich einen Dampfsterilisator für die Mikrowelle. Sieht aus wie ein Ufo und ist nicht gerade klein. Spart aber Zeit und Strom.

Dampfkochtopf anschaffen

Wenn man sich entschieden hat, nicht nur Brei aus dem Glas zu geben, dann sollte man nicht den Anspruch haben, regelmässig oder sogar täglich Brei frisch zu kochen. Hier gilt es pragmatisch zu sein. An einem Abend lässt sich Brei für rund zwei Wochen recht problemlos vorkochen. Ideal dafür ist ein Dampfkochtopf. Der spart nicht nur Energie, sondern vor allem auch sehr viel Zeit. Zum anderen schmecken Kartoffeln und Gemüse darin einfach besser als nach ewigem Kochen in Wasser. Und dann kann man viele Tage lang einfach morgens kleine Pöttchen auftauen und mittags ist der Brei schon parat. Sehr komfortabel!

MOBILITÄT

Sich für eine Auto mit Schiebetüren entscheiden

Autos werden breiter, Parklücken nicht. Wenn man „nur" Zwillinge und keine weiteren Kinder hat, dann kann man diesen Tipp getrost überlesen. Dann reicht eigentlich ein Kombi. Aber sobald man in die Kategorie der Minivan- oder gar der Bus-Besitzer eintritt und damit einen noch mal breiteren fahrbaren Untersatz sein eigen nennt, gibt es zu Schiebetüren eigentlich keine Alternative. Das dankt nicht nur die Versicherung, das verringert auch die Gefahr von Bandscheibenvorfällen aufgrund von Verrenkungen beim Ein- und Ausladen der Kinder.

Maxi-Cosi-Station ins Auto bauen

Ja, da scheiden sich die Geister: Lohnt es sich, bei einem Maxi Cosi auch auf die fest installierte „Station" zu setzen, auf die man die Baby-Schalen ohne Gurt einfach draufklicken kann? Mein Votum: ja, unbedingt! Und zwar schon bei einem Kind. Umso mehr aber bei zweien. Keine verdrehten Gurte, kein unnötiges Bücken, dazu in Verbindung mit Isofix ein bombenfester Halt. Eigentlich alternativlos – vor allem für grossgewachsene Eltern.

Am Kinderwagen nicht sparen

Sie sind teuer, sehr teuer. Aber am Kinderwagen zu sparen ist am falschen Ende zu sparen. Dann lieber einmal nicht in die Ferien fahren. Die sind mit Zwillingen eh nicht erholsam und dann hat man gleich das Geld für einen ordentlichen Wagen gespart. Es lohnt sich wirklich in einen Wagen zu investieren, der leicht und wendig ist, sich klein zusammenlegen und auch sonst einfach bedienen lässt. Immer dran denken: Es ist das doppelte Gewicht an Kind zu schieben und es sind immer doppelt so viele Handgriffe erforderlich.

Und zum Schluss: der Tipp aller Tipps ...

Liebe Zwillingseltern, lasst euch helfen. Immer und von jedem. Sagt nie nein aus falschem Stolz oder weil ihr meint, jemandem etwas beweisen zu müssen. Und fordert bei Bedarf auch Unterstützung ein. Bei Familien und guten Freunden darf man das immer. Und alle anderen, die etwas anbieten, sollte man beim Wort nehmen. Zu guter Letzt: Habt den Mut auch Bekannte, Kollegen oder Nachbarn zu fragen. Es wird euch keiner übel nehmen. Ihr dürft das!

NACHWORT

Und wie sieht das Leben heute auf dem Ponyhof aus? Jetzt, wo die AJs drei Jahre alt sind? Unterm Strich ist es vor allem deutlich einfacher geworden. Aber natürlich ist immer etwas los und jeder Tag mit den AJs ist voller Überraschungen.

Ein *Bruchpilot* bin ich längst nicht mehr. Die Erinnerungen an die Zeit vor der Geburt der AJs verblassen zunehmend. Umso mehr bin ich froh, den „Ponyhof" geschrieben zu haben. Jedes Mal, wenn ich ihn zur Hand nehme und ein paar Zeilen lese, kommen diese „Aha-Effekte". Diese Ungläubigkeit über das Erlebte, dieses Schmunzeln bei den Details, aber auch dieses „Gut-dass-das-vorbei-ist-Gefühl". Nein, eine schwangere Frau mit Wochen voll Unsicherheit und Bangen brauche ich wirklich nicht mehr. Aber nach drei Jahren verschwindet mein Schwangerschafts-Trauma so langsam. Die Ängste und Sorgen, die wir in diesen neun Monaten hatten, gibt es nicht mehr.

Annika und Janina, unsere AJs, das Doppelpack: das *Tupac*. Gross sind sie geworden, einen knappen Meter jetzt. Der dünne Flaum auf dem Kopf ist einer blonden, wallenden Mähne gewichen. Die Augen blitzen blau, frech und lebenslustig. Nuggis und Windeln gehören der Vergangenheit an. Sie sind gesund, munter und ständig unter Strom. Wie zwei Duracell-Häschen, die einfach nicht aufhören wollen auf ihre Trommeln zu schlagen, während alle um sie herum schon schlapp gemacht haben. Ja, wenn man sich die beiden so anschaut, weiss man recht schnell, was pure Lebensfreude ist. Entsprechend Spass machen sie uns – oft zumindest. Aber diese nie enden wollende Energie, diese zweiköpfige Phalanx mit Trotzpanzer und Brüll-Waffen, sie kostet auch Kraft und Nerven.

Um die beiden unter Kontrolle zu behalten, braucht es eigentlich ein Extrapaar Augen im Hinterkopf oder – noch besser – einen Wachhund. Denn diese grenzenlose Energie – gepaart mit häufig auf Durchzug gestellten Ohren mal zwei – das ist schon nicht ohne. Vor allem dann, wenn man laut „Stopp" brüllt, die beiden aber auf die Strasse rennen, um eine Katze zu jagen und natürlich gerade dann ein Auto kommt. Oder sie nach dem Abziehen der Schwimmflügel im Schwimmbad meinen, doch noch mal zu schauen, ob das Wasser wirklich nass und tief ist. Ganz zu schweigen von dem Konstanten „Nein" und „Ich will aber", das sie einem entweder einer Maschinengewehrsalve gleich oder einfach mit stoischer Sturheit entgegenfeuern.

Die beiden sind dabei oft genug wie Pech und Schwefel und die Anzeichen verdichten sich, dass sich ihre grosse Schwester künftig zunehmend warm anziehen muss. Denn seit die beiden wissen, wie man sich mit Worten und durchaus auch mit Händen und Füssen wehren kann, kommt es schon mal vor, dass der eine AJ dem anderen zur Hilfe springt, wenn dieser mit Lilja im Clinch ist. Auf der anderen Seite sind sie durchaus in der Lage, sich selbst mit harten Bandagen einschliesslich Beissattacken zu bekämpfen, nur um dann Minuten später alles wieder vergessen zu haben und ein Herz und eine Seele zu sein.

Fakt zu sein scheint: Um die beiden werden wir uns später in punkto Durchsetzungsfähigkeit wohl keine Sorgen machen müssen. Sie gehen ihren Weg. Sie wissen, was sie wollen. Sie setzen sich durch. Dabei ist es interessant zu sehen, wie die beiden vom Charakter her doch sehr unterschiedlich sind und diese Züge sich weiter ausprägen, während sie sich nach meinem Empfinden äusserlich immer ähnlicher werden. So ist Annika klar das Kind mit dem härteren Betonkopf, dem Stahlbetonkopf, dem eisenharten Willen. Sie ist der bedingungsloser kämpfende Trotztroll. Sie bekommt ihre Portion Aufmerksamkeit durch offene Opposition bis hin zur Rebellion gegen die Eltern. Janina hingegen, die schon früher diejenige war, die für die motorischen Fortschritte immer etwas länger brauchte, lernte auch den offenen Widerstand gegen die Eltern später und kämpft diesen Kampf seitdem mit weniger harten Bandagen. Sie bekommt ihre Aufmerksamkeit eher dadurch folgsam zu sein. Meistens zumindest. Ausnahmen bestätigen die Regel. Und Ausnahmen gibt es ab und an recht viele.

Carina und ich werden oft gefragt, ob es jetzt einfacher ist mit den beiden. Verglichen mit dem ersten Jahr als Zwillingsvater kann ich klar sagen: Unbedingt, es ist viel einfacher. Vor allem dank des deutlich besseren Schlafs für Carina und mich. Körperlich sind wir jetzt hingegen viel stärker gefordert. Wir müssen uns mehr überlegen, was wir den kleinen Damen „bieten". Einen „König der Narren" müssen wir zwar nicht mehr mimen. Aber früher reichte einfaches Schieben mit dem Kinderwagen. Heute artikulieren die AJs klar und deutlich, was sie wünschen: „Würde gern mal wieder S-Bahn fahren. Und Bus. Und Kutsche. Und Schiff. Und Tram. Und Zug."

Ja, anspruchslos, das geht anders. Doch was das Ganze auch einfacher macht: Mit Ende des dritten Lebensjahrs und dem zunehmend besseren Sprachverständnis erlernen die Kinder auch die Fähigkeit, miteinander zu kommunizieren. Dies ist wiederum die Basis für das gemeinsame Spiel. Und ja, keine Frage, sie spielen immer besser zusammen. Dabei entsteht natürlich auch jede Menge Blödsinn. Vor allem wenn es still in einem Zimmer wird, ist Vorsicht geboten und es gilt sofort zu intervenieren. Wartet man damit zu lange, kommt es zu mit Kreide bemalten Kissen auf der Couch oder zu mehreren abgerollten WC-Papier-Rollen. Keine Frage, die beiden wissen, wie man Spass hat. Und nicht selten müssen Carina und ich uns bei solchen Aktionen dann ein Lachen verkneifen.

Schlussendlich zeigen die beiden uns jeden Tag wieder: Sie sind die Energie wert, die wir in sie investieren. Wie gesagt, diese pure Lebensfreude, dieser unbedingte Spass am Leben, der ist schon unglaublich. Dabei zu sehen, wie die beiden Schritt für Schritt die Welt entdecken, das tut einfach gut.

Ich bin gespannt, wie die beiden sich als eineiige Schwestern weiterhin durchs Leben schlagen werden. Denn ich kann mir sehr gut vorstellen, dass dieses ständige verwechselt zu werden ziemlich nervt. Mit zunehmender Vehemenz weisen sie schon jetzt auf Verwechslungen hin. Gleichzeitig haben sie reichlich Spass dabei, die Schuhe der anderen anzuziehen und zu behaupten, sie wären jetzt die Zwillingsschwester. Es bleibt spannend, keine Frage. Unsere AJs, unser Doppelpack, unser Tupac, es wird uns weiterhin fordern. Aber eben, all die Kraft und all die Nerven, sie sind es wert.

Das Leben als *Burgherr* ist für mich mittlerweile zur Normalität geworden. Seit die AJs auf der Welt sind, kann ich beispielsweise die Male, die ich mit dem Fahrrad zur Arbeit gefahren bin, an einer Hand abzählen. Ja, für unsere Mobilität hat das Auto in den letzten drei Jahren einen rechten Stellenwert bei uns erhalten. Über 30'000 Kilometer hat der Alhambra mittlerweile auf dem Tacho, knapp 25'000 der Citigo. Auf drei Jahre gesehen ist das gar nicht mal so wenig. Vor allem, da die Anzahl längerer Reisen mit dem Auto überschaubar geblieben ist und die Kurzstrecken klar dominieren. Aber unsere „Mini-Flotte" bewährt sich. Wir haben die Flexibilität, die wir brauchen, um unseren Familienalltag so effizient und angenehm wie möglich zu organisieren.

Und wir haben rückblickend auch die richtige Fahrzeugwahl getroffen: Der Alhambra, unsere Festung, ist bis jetzt tadellos unterwegs, einen von mir verursachten teuren Blechschaden am Tag des WM-Finals 2014 einmal ausgenommen. Fahrkomfort und vor allem das Raumangebot überzeugen weiterhin. Den Allrad haben wir vor allem im letzten Winter mehrfach gebraucht und dank der Schiebetüren konnten die Energieschübe unserer drei kleinen Damen beim Öffnen der Türe bislang keine Schäden anrichten und alle Finger sind noch an den sechs Händen der Girls. In den Ferien braucht es zwar trotz des grossen Laderaums immer mal wieder auch die Dachbox, aber auch das wird sich vermutlich bald ändern, wenn weder Kinderwagen noch Buggies und auch keine Reisebetten oder Wandertragen mehr transportiert werden müssen. Fazit: Wir würden den Alhambra auf jeden Fall wieder kaufen.

Den kleinen Citigo nutzen wir mehr, als wir es je erwartet hätten. Er ist das Kurzstreckenfahrzeug schlechthin. Und selbst die grösseren, neuen Kindersitze für die AJs passen einigermassen auf die Rückbank. Vier Personen plus Einkäufe? Kein Problem. Auf der anderen Seite zeigt sich, dass der Citigo der erste richtige Kleinwagen von Skoda ist. Entsprechend gibt es immer wieder Kinderkrankheiten: Das Getriebe ist mittlerweile schon getauscht (zum Glück im Rahmen der Garantie ...), die Bremsen quietschen, ein seitliches Blinklicht ist einfach abgefallen. Ob wir ihn noch einmal kaufen würden? Schwierig. Unzufrieden sind wir aber nicht. Somit alles richtig gemacht beim Autokauf? Ja!

Was uns aber ärgert ist die Pflege bzw. ist vor allem der Zustand der Innenräume unserer Fahrzeuge: Tannennadeln, Krümel, Tannzapfen, grosse und kleine Steine und Gräser sowie Pixi-Bücher versperren auf der Rückbank nicht selten komplett den Blick auf den Fussraum. Bislang können wir es immerhin erfolgreich verhindern, dass unsere Kinder ihre Schneckensammlungen (lebende wohlgemerkt!) von A nach B transportieren. Das mit der Reinigung, das haben wir nicht so drauf. Carina und ich hätten eigentlich nichts gegen gepflegtere Autos, aber schlussendlich setzen wir unsere Prioritäten auch nach drei Jahren mit drei Kids anders. Umso glücklicher sind wir, wenn unsere Fahrzeuge in den Service müssen. Da ist Autowaschen und Innenraumreinigung immer inklusive. Und so stellen die Werkstätten von Seat und Skoda sicher, dass wenigstens alle zwei Jahre unsere Autos innen wie aussen blitzen und blinken.

Über unsere kleinste „Burg" herrschen wir mittlerweile nicht mehr. Den Bugaboo Donkey verkauften wir kurz vor dem dritten Geburtstag der AJs, nachdem er das halbe Jahre zuvor kaum noch in Gebrauch war. Wir waren es zunehmend leid, den Kinderwagen immer mitzunehmen. Das zu schiebende Gewicht nahm stetig zu und Janina und Annika hatten immer weniger Lust stillzusitzen. Somit waren wir zunehmend darum bemüht, dass die beiden kleinen Damen möglichst schnell möglichst viel laufen. Das zahlte sich schon bald aus. Nicht erst seit ihrem ersten paar Wanderschuhen sind die beiden zu Fuss gut unterwegs. Und Janina geht von sich aus auf dem Sportplatz schon mal eine Runde laufen: „Papi, Ninni joggen gehen." Und da ist sie weg, macht ihre 400 Meter ohne Pause im Laufschritt. Klasse! Als Back-up haben wir hingegen auch nach drei Jahren immer noch hier und da unsere beiden Buggies dabei. Zwei einzelne, denn solche Gefährte sind in der Praxis viel einfacher als ein Zwillings-Buggy: leicht, wendig, wenig sperrig. Das zahlt sich vor allem auf Flughäfen, Bahnhöfen oder an anderen Orten mit beschränktem Platz aus.

Den Donkey würden wir übrigens sofort wieder wählen. Alle Auswahlkriterien, die ich vorn im Buch beschrieben habe, bewährten sich: geringes Gewicht, Wendigkeit, leichtes Aufbauen, Fahrkomfort. Die AJs lieben ihre Mini-Burg. Entsprechend gross waren die Tränen, als wir den Donkey verkauften und er abgeholt wurde. Aber es war wie mit Vielem im Kinderleben: aus dem Auge, aus dem Sinn. Der Abschiedsschmerz war rasch überwunden. Dank der richtigen Pflege war der Wiederverkaufswert des Donkeys nicht zu verachten. Nach 2.5 Jahren intensiver Nutzung gelang es Carina, eine Käuferin zu finden, die uns nur wenige hundert Franken weniger zahlte als wir beim Neukauf auf den Tisch legten. Das hatten wir nicht erwartet. Wichtiger Tipp: Die einzige wirkliche Schwachstelle beim Donkey sind die Bügel, an denen sich die Kinder festhalten. Diese sind aus Schaumgummi und widerstehen weder Beissattacken noch spitzen Fingernägeln. Carina hatte dies vor dem Kauf in einem Forum gelesen und meine Schwiegermutter nähte daraufhin Stoffbezüge für beide Bügel. Mit dem Resultat, dass die Bügel wie neu daherkamen, als wir die Bezüge kurz vor dem Verkauf abschnitten.

Scottie Pippen und Michael Jordan, sie haben nun zusammen drei Spielzeiten gemeistert. Nur selten dürfen sie runter vom Spielfeld, und wenn, dann zumeist nur alleine. Aber auch nach dem dritten Jahre als Zwillingseltern sind wir ein nahezu perfekt harmonierendes Team. Jeder macht seinen Job, die schöne und die Drecksarbeit. Ohne Absprachen, ohne Organisation, ohne Vertrauen und ohne die Bereitschaft, Verantwortung zu übernehmen, geht es nicht. Genau das funktioniert bei uns aber immer noch sehr gut.

Carina ist weiterhin diejenige, die vornehmlich für die Kinder im Einsatz ist. Sie würde gern mehr arbeiten, ich gern weniger. Das weiterhin katastrophal konservative und im Mittelalter verhaftete

Schweizer Kinderbetreuungssystem erlaubte es uns aber nicht, in den ersten drei Jahren mit den AJs und damit drei zu betreuenden Kindern etwas an unseren Arbeitsmodellen zu ändern. Aber, hier hat Carina mein Wort, wenn Janina und Annika 2017 in den Kindergarten kommen, wird sich das ändern: Sie wird wieder mehr arbeiten und ich werde mein Pensum reduzieren. Ein organisatorischer Kraftakt wird es weiterhin bleiben. Aber ich bin überzeugt: Auch das werden wir meistern.

Unterm Strich bin ich stolz darauf, dass wir das alles zusammen bislang geschafft haben – ohne Grosseltern oder andere regelmässige Entlastung. Seitdem die Kinder besser schlafen kann ich mich nicht daran erinnern, dass es zwischen uns mal richtig gekracht hätte. Dazu kommt, dass wir uns ganz langsam wieder Zeitfenster zurückholen, in denen wir Zeit als Paar haben. Das ist nicht zuletzt unserer tollen Babysitterin zu verdanken, die früher in der Krippe der AJs arbeitete und die alle drei Damen einfach klasse finden. Für sie ist es kein Problem, auf drei Kinder gleichzeitig aufzupassen oder sie ins Bett zu bringen. Entsprechend ruhig lassen Carina und ich dann den Ponyhof zurück, da wir ihn in besten Händen wissen. Das mit dem gemeinsam über Nacht wegbleiben hat zwar bis heute noch nicht geklappt, aber wir können diesen Tag schon am Horizont erkennen. Zwar noch schemenhaft, doch er zeichnet sich immer klarer ab.

Die drei Jahre mit den AJs waren für uns als Paar nicht immer leicht. Sie haben unsere Beziehung manchmal ganz gehörig strapaziert. In Gefahr war sie aber nie. Ganz im Gegenteil: Das Leben auf dem Ponyhof hat unsere Beziehung noch stärker gemacht. Vertrauen und Respekt sind gestiegen.

Und wie sieht es mit dem *Predator* und den verschiedenen Monstern aus? Muss ich diese immer noch bekämpfen? Die Antwort: nein und ja. Warum? Ganz einfach: Manche Monster sind besiegt. Andere wehren sich noch gegen die finale Niederlage. Neue fordern uns zum Kampf heraus. Konkret gestaltet sich die heutige Situation der Monster-Meute wie folgt:

Status »Reflux-Monster«: besiegt. In den Jahren zwei und drei der AJs sind es vor allem Widerworte, die uns ziemlich unerwartet entgegengeworfen werden. Aber, nein, die unglaubliche Spuckerei, die lebenden Schlammtöpfe, sie sind besiegt. Punkt. Ende. Aus.

Status »Zahn-Monster«: ebenfalls besiegt. Rückblickend ist es bei uns wirklich eher ein „Trittbrettfahrer-Monsterlein" geblieben.

Status »Schlafentzugs-Monster«: in Schach gehalten. Es versucht aber immer wieder auszubüxen und uns zu ärgern.

Ja, das Schlafentzugs-Monster existiert immer noch. Wenn auch nicht ansatzweise so furchterregend wie im ersten Jahr mit den AJs. Als ich mir das entsprechende Kapitel vor einiger Zeit noch einmal durchlas, bekam ich Gänse haut. Ich konnte kaum glauben, was wir damals in punkto Schlafentzug alles durchmachten. Dagegen ist das Leben jetzt wirklich ein verlängertes Wellness-Wochenende. Und dennoch: Nächtliche Ruhe mit Durchschlafen vom Abend bis zum Morgen ist für uns auch heute noch zumeist ein Fremdwort. Das liegt zum einen an unserer Grossen. Lilja, die früher hochgelobte Superschläferin, hat mit zunehmendem Alter mit ihren Träumen zu kämpfen und auch das Einschlafen fällt ihr nicht immer leicht.

Und die AJs? Auch wenn ich weiss, dass es jetzt bei einigen Eltern einen Aufschrei geben wird: Als die AJs 20 Monate alt waren, machten wir kalten Entzug. Zu dieser Zeit brauchten sie längst keine nächtliche Nahrung mehr und brachten alles mit, um nachts durchschlafen zu können. Wenn sie wach wurden, hatten sie einfach keine Lust, wieder allein einzuschlafen. Reaktion: Gebrüll. Viel Gebrüll mit Faktor zwei. In der Silvesternacht 2014/15 beschlossen wir deshalb, uns nicht mehr terrorisieren zu lassen. Annika und Janina schliefen ab dann in ihren Betten und in ihrem Zimmer, Carina und ich in unserem Zimmer. Damit waren die Kinder natürlich ein paar Nächte nicht einverstanden. Aber der Widerstand hielt sich in Grenzen. Es war wirklich der pure Trotz und nicht etwa Angst, die zu den Brüllattacken führte. Mit jeder Nacht nahm der Protest ab. Irgendwann hatten wir es dann geschafft. Es folgte ein Jahr, in dem wir soweit ganz gut schliefen.

Ausnahmen bestätigten natürlich die Regel. Und davon gab es schon noch einige. Wie beispielsweise in den Ferien auf Mallorca, als sich die AJs im neuen Umfeld weigerten, ohne uns im Raum einzuschlafen. So lagen Carina oder ich zehn Tage lang jeden Abend bis zu 90 Minuten auf dem Bett, flankiert von zwei Kinderbetten. Terror pur. Wieder zu Hause waren wir dann konsequent und die AJs akzeptierten es recht bald, allein einschlafen zu müssen.

Die Nächte wurden für uns in der Folge immer länger und immer weniger fragmentiert. Eigentlich perfekt. Allerdings wuchsen unsere Kleinen und passten irgendwann weder in ihre Gitterbetten noch in ihre Schlafsäcke. Also gab es kurz vor dem dritten Geburtstag grosse Betten und dazu Bettzeug. Die AJs freute das riesig, sie fühlten sich gross. Aber in der Folge waren sie während der ersten Zeit in ihren nächtlichen Weiten ziemlich verloren. Zudem haben sie es bis heute nicht ganz verstanden, dass man Bettdecken auch allein wieder zu sich hochziehen kann, wenn man sie nachts wegstrampelt. So haben wir jetzt seit dem Bettentausch fast jede Nacht Alarm. Allerding geht dieser meist ziemlich rasch wieder vorbei, wenn wir kurz bei den Kindern vorbeischauen. Grössere Heulanfälle oder Brüllattacken sind selten, nur wenige Male müssen wir zu anderen Massnahmen als zudecken, gut zureden und Kopf streicheln greifen.

Und trotzdem: Wenn es dann in manchen Nächten drei und mehr Male sind, die wir aufstehen müssen, fühlen wir uns am nächsten Morgen ziemlich gerädert. Nicht zuletzt in Nächten, die eh kurz sind, wie beim Eurovision Song Contest oder der Fussball-Europameisterschaft. Aber, ganz ehrlich, der Monster-Bekämpfer der Jahre 2013 und 2014 würde sich kaputt lachen über diese im Vergleich zu damals lächerlichen Einschränkungen der Nachtruhe.

Heute gibt es immer mal wieder auch diese besonderen Nächte. Diese unglaublichen Nächte. Diese Oasen der Entspannung. Drei Kinder, die sonntags alle bis fast neun Uhr schlafen – ohne Störung. Kaum zu glauben. Dies sind die Momente, dank derer Carina und ich uns entschlossen haben, das Schlafentzugsmonster nicht mehr ernstzunehmen, sondern einfach zu akzeptieren und mit Nichtbeachtung zu strafen. Fazit: genug dazu geschrieben.

Seit bald eineinhalb Jahren haben wir jedoch mit einem neuen Monster zu kämpfen, das bei Erscheinen der ersten Ponyhof-Auflage noch nicht existierte: dem »Trotz-Monster«. Wir kannten es schon von Lilja. Ein prächtiges Monster, das es schafft, ein kleines Kind bis zu 45 Minuten in einen alles andere als liebenswerten Zombie zu verwandeln, bei dem weder gut zureden, auf den Arm nehmen oder irgendwelche Bestechungsversuche helfen. Das Kind will einfach seinen Willen. Oder man macht etwas ganz Banales, das das Kind völlig aus der Bahn wirft: die Autotür ohne zu fragen öffnen, den Wasserhahn nach dem Händewaschen zudrehen, die zweite Scheibe Butterzopf am Morgen für das Kind mit Butter bestreichen. Es folgen Kullertränen, Trommelfeuer von Fäusten und Füssen auf Boden oder Tisch und, na klar, Gebrüll. Nach einiger Zeit besorgte ich mir eine App, die Lautstärke misst. Annika schaffte es auf knapp 120 Dezibel. Das entspricht einer Motorsäge oder einem Presslufthammer. Und das manchmal direkt neben dem Ohr. Na danke! Subjektiv ist da die Schmerzgrenze weit überschritten. Wenn ich entspannt und ausgeschlafen bin, kann ich so etwas gut abfedern. Nach einem langen Tag im Büro, wenn ich morgens mit zeitlichem Druck mit den AJs zur Krippe will oder auch in der Öffentlichkeit ist das alles aber nur noch halb so lustig. Und neben den obligatorischen Ohrenschmerzen kommt es bei mir in solchen Momenten oft auch zu einem signifikanten Anschwellen der Halsschlagader. Die Nerven machen schlapp, zu oft brülle ich dann irgendwann zurück – im vollen Bewusstsein, dass das nichts bringt. Es ist dann einfach ein Akt der Verzweiflung.

Lange Zeit hatten wir die Hoffnung, diese gern mit „terrible two" bezeichnete Trotzphase im Alter zwischen zwei und drei würde prompt am Tag des dritten Geburtstags enden. Tja, getäuscht. Wir bilden uns zwar ein, dass die Attacken unserer beiden Trotztrolle seltener werden, aber an Vehemenz haben sie rein gar nichts verloren. Aber gut, alles nur eine Phase. Auch dieses Monster werden wir irgendwann besiegt haben. Hoffentlich bevor die hysterischen Pubertäts-Monster kommen …

Auch in den Jahren zwei und drei mit den AJs bleiben Carina und ich *Pioniere*. Und vermutlich werden wir es noch viele Jahre bleiben. Weniger im Bereich der Nahrungssuche und -zubereitung. Das Breialter liegt schon lange hinter uns. Trotz des Ziels, alle unsere Kinder möglichst lang gesund zu ernähren, haben Schokoladenkuchen, Gummibärchen und Chips längst Einzug auf die Speisekarte der AJs gehalten – wenn auch sehr massvoll. Auch in Bezug auf die passenden Rahmenbedingungen zum Schlafen haben wir, wie oben beschrieben, die wichtigsten Meilensteine erreicht. Somit gehört auch diese Pioniertätigkeit der Vergangenheit an.

Dafür wagen wir uns als Pioniere mit jedem Tag, den die AJs älter werden, mehr in unbekanntes Gebiet vor. So standen beispielsweise Schwimmbadbesuche zwar von Anfang an bei den beiden ganz hoch im Kurs, aber erst als die AJs drei Jahre alt waren, konnten wir Eltern diese Events wenigstens ansatzweise geniessen. Vorher war es Stress pur, da auch Lilja gerade erst schwimmen lernte und die AJs keinen Respekt vor dem Wasser hatten und – wie auch sonst zumeist auf dem Land – sofort Vollgas gaben. Zwar war es für mich als echte Wasserratte eine riesige Freude, schon mit Zweijährigen grosse Rutschen runterzusausen und in tiefen Becken zu planschen, aber ich hatte trotzdem nur zwei Arme für drei Nichtschwimmer-Kinder. Das stresste gehörig. Hinzu kamen „Spezial-Abenteuer", wenn Janina und Annika im Freibad unbedingt auf Entdeckungsreise gehen wollten, die eine nach links und die andere zeitgleich nach rechts abhaute und zwischen Badetüchern verschwand oder in anderen Kinderscharen abtauchte.

Als nächste Pioniertat steht nun gemeinsames Zelten auf dem Programm. Zwei Zelte, fünf Schlafsäcke und fünf Liegematten warten auf ihren Einsatz. Ich bin gespannt, ob man von diesem Wochenende auch nur ansatzweise von einem erholsamen Wochenende – zumindest für die Eltern – sprechen können wird. Aber eben, Pioniere können nur dann etwas erreichen, wenn sie Neues ausprobieren. Vermutlich werden wir dies mit unseren AJs noch ziemlich lang ...

Ein *Grenzgänger* bin ich geblieben. Aber einer, der sich zum einen nicht mehr auf einem so schmalen Grat bewegt wie im ersten Jahr und zum andern ganz einfach mehr Erfahrung und damit auch Routine hat. Entsprechend entspannter blicke ich auf die Jahre zwei und drei mit den AJs zurück.

Die zunehmend weniger fragmentierten Nächte wirken sich zweifelsfrei sehr positiv auf meine Gesamtkonstitution aus. War ich im ersten und auch noch im zweiten Winter mit den AJs oft erkältet oder gar krank, kam ich vergleichsweise fit durch den dritten Winter. Der kleine Hypochonder, der ganz arg leidet, wenn er Männer-Schnupfen hat, bin ich allerdings geblieben. Aber wenn diese beinahe immer fast tödlich endende Krankheit nicht so oft kommt, dann muss ich auch nicht so oft leiden. Das ist wiederum für den Familienfrieden sehr von Vorteil. Zudem führen die zurückgewonnenen Freiräume auch dazu, dass ich wieder vermehrt und intensiver Sport machen kann. Bewegung tut mir gut, entstresst mich und ist ganz einfach Zeit für mich selbst. Die erforderlichen Zeitfenster zu finden ist und bleibt eine Kunst. Aber mit dem Bewusstsein, dass Sport eine Notwendigkeit für mich ist, um vom sonstigen Berufs- und Familienalltag nicht aufgefressen zu werden, lassen sich diese schon einrichten. Es reicht sogar für ein paar schöne Highlights wie Triathlon-, Schwimm- und Hindernislauf-Wettkämpfe.

Die besseren Nächte und die strukturierteren Tage wirken sich auch auf meinen beruflichen Alltag positiv aus. Die Kollegen wissen: Montag und Mittwoch ist grundsätzlich mein Krippenbring- und -hol-Tag, Termine an Randzeiten dieser beiden Tage gehen nur in Absprache mit mir. Ich wiederum muss dann schauen, ob Carina einen Dienst übernehmen kann. Aber das klappt unterm Strich sehr gut. Vorausschauende Planung ist alles. Und manchmal ist der Kunde dann doch nicht König, sondern die Familie Königin.

Gleichzeitig reize ich die anderen drei Tage aus, indem ich meistens um 6:30 Uhr im Büro und dann aber pünktlich zum Abendessen wieder zu Hause bin. Klar, ab und zu müssen auch die Abende dran glauben oder mal ein paar Stunden am Wochenende. Aber alles in allem gelingt es mir, Arbeit und Familie gerecht zu werden und gegenüber dem ersten Jahr als Zwillingsvater meine Minusstunden drastisch zu reduzieren. Dieser früher häufig schmerzhafte Spagat zwischen Beruf und Familie ist zum Glück nur noch die Ausnahme.

Bleibt noch das Geld. Zwillinge produzieren weiterhin in vielen Bereichen doppelte Ausgaben, die ganz grosse finanzielle Belastung bleibt für uns die unsäglich teure externe Betreuung der Kinder. Wenn die beiden 2017, mit vier Jahren, in den Kindergarten gehen, entspannt sich die Situation ein wenig, da der Hort ein bisschen günstiger sein wird als heute die Krippe. Auch ganz grosse Anschaffungen stehen jetzt vorerst nicht mehr an. Die nächsten Jahre haben wir zudem noch das Glück, dass es bei uns im Umfeld weiterhin tolle Kleider-Börsen gibt, wo wir richtig gute Kleidung für die AJs erstehen können, nur damit sie wenige Wochen später wieder herausgewachsen sind. Aber es ist auch klar: Die Parallel-Beschaffungen werden zunehmen. Ich bin gespannt, wie lange Annika oder Janina noch stolz darauf sein werden, eine Jacke, eine Mütze oder einen Schlafsack zu bekommen, die früher einmal Lilja gehörten. Irgendwann wird dies vermutlich ziemlich uncool sein und der Weg wird nicht darum führen, alles neu und doppelt zu beschaffen ...

Ja, das *Feierbiest* geht weiter um. Und zwar deutlich intensiver als im ersten Jahr mit den AJs. Und wie könnte es auch anders sein, auch diese neuen Feier-Freiheiten hängen primär mit dem besseren Schlaf von Annika und Janina zusammen. Unter der Woche geht es eigentlich nicht mehr vor 22:30 Uhr ins Bett, an den Wochenenden und bei Feierbiest-Einsätzen kann es auch mal deutlich später werden. Ich feiere wie auch im ersten Jahr weiterhin laut und leise. Laut bei Geburtstagen, bei Firmenfesten, bei der Fussball-EM oder bei meinem ersten Rammstein-Konzert nach knapp 20 Jahren Pause. Leise beim Schwimmen im nahegelegenen Greifensee, generell wenn ich Sport mache oder auch beim Testen eines guten Single Malts.

Die Radien werden grösser: ein Sportwettkampf im bayerischen Frankenland, eine Konferenz mit kombiniertem Besuch eines Freundes in Berlin, 20 Jahre Abitur in Bonn. Ich lasse Carina und die Kids jetzt mit einem guten Gefühl zurück, denn ich weiss, dass die drei zwar weiterhin anstrengend sein können, es für nur ein Elternteil aber mittlerweile gut möglich ist, die Mädels ein Wochenende ganz allein zu bespassen.

Keine Frage, die Lebensqualität kommt mit jedem Tag, mit jeder Woche, mehr zurück. Aber es gibt nicht nur die Momente, wo ich allein dem Feierbiest freien Lauf lasse. Auch mit den AJs legt das Biest ab und zu einen Tanz aufs Parkett. Wenn sie mir beispielsweise von der Terrasse entgegenstürmen, sobald sie mitbekommen, dass ich von der Arbeit nach Hause gekommen bin. Wenn sie, Kopf voran, allein die grosse Rutsche im Schwimmbad runter gedonnert sind, ich hinterherrutsche, um zwei über und über lachende Kinder anzutreffen. Oder wenn die beiden einfach selig schlummernd in ihren Betten liegen und schlafen. Auch dann feiere ich. Es bekommt einfach sonst keiner mit.

Meinem Teenie-Idol *Rüdiger Nehberg* eifere ich seit der Influenza im ersten AJ-Jahr nicht mehr nach. Zum Glück. In den letzten beiden Grippe-Perioden war ich vermutlich immer einer der ersten, der sich für die von der Firma aus organisierte Impfung meldete. Und nachdem sich im letzten Frühjahr einer meiner Kollegen die Influenza einfing und ich das Ganze auch von „aussen" betrachten konnte, will ich auch künftig zusehen, dass es kein Influenza-déjà-vu mehr geben wird.

Rüdiger Nehberg bin ich trotzdem treu geblieben. Vor rund einem Jahr habe ich in der Nähe einen seiner Vorträge besucht. Es ist beeindruckend, wie vital und von Begeisterung sprühend dieser Mann mit über achtzig Jahren noch ist. Sollten die AJs keinen Vortrag mehr von ihm selbst besuchen können, will ich zusehen, ihnen etwas von Rüdiger Nehberg mit auf den Weg zu geben: seine Unbekümmertheit, seine Ausdauer, sein unkonventionelles Denken, seine Bereitschaft, anzuecken oder auch mal zu verlieren, sein ständiges Brennen für die eigene Überzeugung, seinen Optimismus.

Ein Leben ohne meine drei Kinder? Nicht vorzustellen. Ich wüsste vermutlich gar nicht wohin mit meiner Zeit, meiner Energie. Allem Stress, allen strapazierten Nerven zum Trotz: Mein Leben wäre schlicht und einfach sehr viel weniger farbig, weniger intensiv, deutlich ego-zentrierter und vor allem langweiliger. Ich kann es mir nicht mehr anders vorstellen – und will es auch nicht. Unterm Strich geht das Leben auf dem Ponyhof für mich auf, die Bilanz ist positiv. Ja, ich fühle mich weiterhin als *Triple-Gewinner*. Aber, ganz ehrlich, es reicht wirklich mit der Familiengrösse. Ein Quadrupel will ich nicht gewinnen! Als die AJs zwei Jahre alt waren, hatte Carina einmal eine längere Verzögerung ihrer Periode. Zehn Tage

Verspätung. Keine schönen Tage für uns Eltern. Mit jedem Tag wuchs der Stein im Magen, wurde der Kloss im Hals grösser. Was wäre wenn? Wenn man wüsste, dass es dann wenigstens „nur eins" wäre ... Diese Frage trauten wir uns kaum zu stellen. Die grosse Erlösung kam und alles war wieder gut. Aber dieses kurze Intermezzo zeigte mir: Genug ist genug. Es ist gut wie es ist. Das Triple ist gewonnen. Und jetzt will ich zusehen, dass ich dieses dreifache Glück bestmöglich und so lange wie möglich geniesse. Ich hoffe, dass das Leben auf dem Ponyhof auch künftig für mich aufgeht.

Thomas D. schliesslich bringt nicht nur die Hauptkapitel zu einem Ende, sondern auch dieses Nachwort. Auf „Lektionen in Demut" findet sich doch tatsächlich ein Track, der sich dazu eignet, die gesamte Geschichte vom Ponyhof abzuschliessen. Track Nr. 9 fragt: „Wo ist Dein Paradies?" Die Antwort ist einfach: Hier, auf meinen Ponyhof, gemeinsam mit Carina, Lilja, Annika und Janina.

ÜBER DEN AUTOR

Der Weg zum eigenen Ponyhof begann für Tillmann Schulze 1977 in Bonn. Mit zwei grossen Schwestern lernte der Sohn einer Schweizerin und eines Deutschen schon früh, was es heisst, viel Leben im Haus zu haben. Seine Ausbildung führte ihn zum Studium nach Münster in Westfalen und in die USA, bevor er für seine Dissertation in Politikwissenschaft wieder zurück nach Bonn kam.

Seit 2006 arbeitet er in Zollikon bei Zürich für ein Planungs- und Beratungsunternehmen. Sein Job würde viele kleine Jungs neidisch machen: Unter anderem gehören Polizei, Feuerwehr und Rettungsorganisationen zu seinen Kunden.

Verheiratet mit Carina wohnt Tillmann in einem Dorf unweit von Zürich. Die Decken des rund 300 Jahre alten Hauses sind niedrig und schief, die Wände zu den Nachbarn dafür ganz schön dick. Ideal also für Nachwuchs. 2009 kam Lilja auf die Welt, 2013 folgten die Zwillinge Annika und Janina.

Trotz Freude am geschriebenen Wort war es nie Tillmanns Plan, ein Buch über sein Leben als Zwillingsvater zu schreiben. Die Idee entstand zufällig, nachdem der mittlerweile aufgelöste Twinmedia Verlag Zwillingsväter für einen Sammelband gesucht hatte.

Internet: www.zwillingsvater.ch
Instagram: @zwillingsvater.ch